Vins, vignes, femmes

« Le savoir-boire » ou boire en pleine conscience.

Boire du vin, c'est boire de la culture, des cépages, des paysages, des savoir-faire aussi. Boire du vin, c'est élever son âme, c'est accéder aux mythes et à ce qui fait nos civilisations. Le vin est une construction sociale au carrefour des champs de connaissance divers, aussi bien historiques que philosophiques. Toujours sur le fil de l'actualité, le vin est aussi un mode de vie.

Cette collection parle du vin, mais aussi de la bière, du champagne ou du rhum, avec cette même approche, tout en opérant un pas de côté pour se donner de la perspective et comprendre ce que le breuvage raconte de nous avant tout.

Collection dirigée par Pierre Guigui.

Correction et mise en pages : Sophie Brissaud
Conception graphique de la couverture : Laure Bombail

Apogée est une marque de la société Feuilles de style, Rennes
Retrouvez-nous sur *www.editions-apogee.com*

ISBN : 978-2-84398-844-8

Florence Tilkens Zotiades

Vins, vignes, femmes

Une odyssée viticole ?

Éditions Apogée

L'AUTEUR

Après une carrière dans le développement international en entreprise et en milieu associatif, Florence Tilkens Zotiades a rejoint l'univers professionnel du vin. Fondatrice de Vins d'Hellène-Danaan Wines à Londres, elle est aussi dégustatrice professionnelle dans de nombreux concours internationaux. Elle est l'autrice de *L'Odyssée des vins grecs* (Apogée, 2022). Parallèlement à ses activités, elle milite pour l'égalité professionnelle et l'autonomie économique des femmes. Elle est membre de l'association française Led By HER, dont elle a été présidente en 2022 et 2023. Led by HER accompagne dans leur projet de création d'entreprise les femmes ayant subi des violences.

SOMMAIRE

Il est indispensable qu'il y ait une ouverture des débats sur la façon dont le sexisme se manifeste dans l'univers du vin ainsi que dans d'autres industries. Célébrités et politiciens ne peuvent pas être tenus pour seuls responsables du niveau élevé d'intolérance, de harcèlement sexuel et de sexisme.

Alice FEIRING [1]

1. Traduction d'un tweet d'Alice Feiring, journaliste et auteure américaine, chroniqueuse vins et voyages pour le *New York Times, New York Magazine, San Francisco Chronicle, Condé Nast Traveler, Forbes Traveler,* blogueuse (*https://the-feiringline.com*), élue « communicante de l'année en ligne » aux Louis Roederer International Wine Writer Awards, défenseuse de la vinification naturelle. *https://www.forbes.com/sites/cathyhuyghe/2019/06/13/alice-feiring-on-satire-and-misogyny-in-the-wine-industry/*

AVANT-PROPOS

Cet ouvrage se veut une approche historique et factuelle sur la place des femmes dans l'univers de la viticulture et du vin. L'aire géographique couverte — le Croissant fertile[2], l'Europe avec une focalisation sur la France — est celle des civilisations où le vin eut un rôle à la fois économique et culturel de premier plan. Une question sous-tend l'ouvrage : pourquoi les femmes, qui, selon les hypothèses historiques en cours, auraient inventé vin et viticulture, furent-elles généralement mises à l'écart de la filière viticole au cours de nombreux siècles ? Il n'est bien sûr nullement question de porter un jugement mais d'essayer de comprendre les mécanismes ayant conduit à l'invisibilisation des femmes dans le monde du vin.

Le recentrage sur la France aux chapitres III et IV ainsi que dans une partie du chapitre VI est né de trois considérations.

La première est la place de la France dans la filière viticole mondiale : l'un des trois plus grands pays producteurs de vin au monde, elle a retrouvé la première place en 2023 selon les estimations établies par AGRESTE, le service statistique du ministère français de l'Agriculture[3].

La deuxième considération est l'importance culturelle que le vin y tient : art de vivre et philosophie. Il y joue aussi un rôle économique considérable dans les domaines de l'emploi, de l'export, du tourisme et de la redynamisation des zones rurales.

---

2. Région du Proche-Orient qui s'étend de la mer Morte au golfe Persique en passant par le sud de la Turquie, le nord de l'Irak et l'Iran occidental.

3. *https://agreste.agriculture.gouv.fr/agreste-web/disaron/IraVit23123/detail/*

La dernière est enfin la révolution de 1789, événement majeur français, précurseur de bouleversements politiques et sociaux dans toute l'Europe ; la Déclaration des droits de l'homme et du citoyen aurait dû mettre fin à toute discrimination sexuelle, permettre aux femmes de s'émanciper du contrôle masculin, d'accéder aux métiers qu'elles souhaitaient et d'en recueillir le fruit… Ce ne fut pas le cas.

PRÉFACES

Le mot de la sommelière

Federica Zanghirella, vice-présidente de la UK Sommelier Association (Londres)

Londres, janvier 2024

C'est avec grand plaisir que je vous présente *Vins, Vignes, Femmes. Une odyssée viticole ?*, véritable exploration d'une combinaison magique : le vin et les femmes. Ce livre, le deuxième écrit par Florence Tilkens Zotiades, explore la mise à l'écart historique des femmes du monde de la vigne et du vin, dominé par les hommes. Aujourd'hui, ces dernières y sont encore victimes de préjugés et de discriminations. Les lignes bougent tout de même : ainsi, en tant que professionnelle dans cette filière et vice-présidente d'une organisation traditionnellement masculine, j'ai pu constater un changement dans la façon dont mon rôle est perçu.

Florence Tilkens Zotiades nous offre donc un recueil convaincant de faits, de chiffres et de tendances qui confirment la féminisation du monde du vin dans tous les pays producteurs du monde. Je salue sa persévérance à promouvoir l'égalité des chances entre les femmes et les hommes et sa détermination à mettre en avant le rôle des femmes dans la filière viticole ainsi que leur contribution historique.

Il reste encore beaucoup à faire, en particulier auprès des générations plus âgées, afin d'éradiquer l'idée que les femmes ne peuvent être prises au sérieux et que leur travail peine à égaler celui de leurs homologues masculins. Elles doivent encore faire face à des comportements inacceptables et cela reste un défi majeur : certains de leurs confrères dépassent les limites, affichent du mépris, refusent de reconnaître la valeur de leur travail ; ils se montrent condescendants ou insistent pour parler au « patron ». Pour obtenir respect et reconnaissance, les femmes doivent toujours travailler plus. Il est frustrant de constater qu'elles continuent à souffrir d'un manque de légitimité en dépit de leurs compétences.

L'égalité ne consiste pas à considérer les femmes comme d'autres hommes, mais bien à reconnaître leurs différences, qui sont une richesse. Il ne devrait surtout pas y avoir de jugement lié au genre dans l'appréciation de leur travail.

Il est important que les femmes expriment leur désapprobation dès lors qu'il y a déni de compétence ou dénigrement de leur travail. Accepter le *statu quo* n'est plus une option envisageable si nous voulons voir un changement radical. C'est pourquoi l'ouvrage de Florence Tilkens Zotiades *Vins, Vignes, Femmes* est important pour les femmes de la filière viticole. Ce n'est pas seulement un livre : c'est aussi une célébration de ces femmes et de leurs actions dans le monde du vin ; c'est aussi un manifeste en faveur du changement positif.

Le mot de l'universitaire

Andreea Gruev-Vintila, université Paris-Nanterre

Paris, janvier 2024

De la place, de la lutte et des questions des femmes dans l'univers de la vigne et du vin

Le nouveau livre de Florence Tilkens Zotiades décape d'un regard personnel, connaisseur, une histoire et des faits révélateurs de la place et de la lutte des femmes dans l'univers de la viticulture et du vin, domaine traditionnellement dominé par les hommes.

L'autrice décrit les étapes de la houleuse odyssée viticole des femmes dans le Croissant fertile, de la mer Morte au golfe Persique en passant par le sud de la Turquie, le nord de l'Irak et l'Iran occidental, puis l'Europe, avec par la suite une focalisation sur la France, aire géographique caractérisée par la coévolution des êtres humains et du raisin. Son ancrage est dans la symbolique et le basculement, dans l'Antiquité, de la déesse mère Déméter au dieu Dionysos. Franco-britannique et grecque de cœur, elle explore les conséquences économiques sociétales, patrimoniales et culturelles de cet ancrage masculin de la politique du vin et de la vigne.

Florence Tilkens Zotiades avance deux idées maîtresses. Premièrement, elle pointe l'univers de la vigne et du vin comme l'un des domaines de la subordination des femmes tout au long de l'histoire. Deuxièmement, elle montre que certaines femmes ont réussi à trouver les ressources pour y prendre part, malgré le contrôle masculin (religieux, sociétal, culturel, etc.) exercé sur elles. Leur précédent ouvre une voie à celles des générations suivantes pour s'affranchir des injonctions masculines de cet univers.

Le livre s'ouvre sur la division sexuée du travail et son incidence sur la découverte de la vigne et du vin, possiblement féminine. Cependant, les conditions d'accès des femmes à l'univers viticole ont longtemps été contrôlées par des hommes. Ils s'accaparent le vin comme ressource, signe de pouvoir et de prestige. Les femmes, comme la vigne, sont contrôlées[4] et administrées par eux aussi. D'une part, ils les exploitent pour les travaux lourds, invisibles, sans reconnaissance. Ils peuvent les accepter comme (co-)administratrices des aliments et des boissons dans l'espace privé de leur propre maison, mais une fois que le vin devient *lucratif dans l'espace public,* elles sont considérées comme *insuffisantes.* Des obstacles à leur participation s'élèvent. Elles sont souvent écartées des tâches « nobles », prérogative masculine — ou plutôt, elles sont écartées des tâches lucratives que le privilège masculin permet aux hommes de s'auto-octroyer. Il s'agit là d'une double illustration de l'exploitation des ressources (travail) des femmes, et aussi de l'entrave historique à leur accès aux ressources, à leur essor économique, à leur autonomie.

Le livre montre que le contrôle des femmes dans l'espace social de la vigne et du vin s'est maintenu par leur invisibilisation dans l'espace public, leur discrimination au nom de préjugés sexistes, leur humiliation, les contraintes, et, pour les *désobéissantes,* la punition et même l'exécution : interdiction absolue de consommation de vin pour les femmes de la Rome antique, *sous peine de mort* — un féminicide *légal.*

4. Ann B. MATASAR, *Women of Wine : The Rise of Women in the Global Wine Industry,* University of California Press, 2006.

En France, jusqu'à une période récente (1965), le contexte d'inégalité dans le mariage entre les femmes et les hommes consacrée par le Code napoléonien (1804) ne permettait à la femme qu'à la mort de son époux de récupérer la personnalité juridique nécessaire pour reprendre une entreprise ou, en Champagne, une maison de négoce lui assurant une autonomie financière.

Par contraste, dans une société centrée autour des femmes, Florence Tilkens Zotiades observe que l'étude des traces témoigne du rôle *prépondérant* des femmes dans la production et le commerce du vin : en Crète minoenne, caractérisée par le partenariat matrilinéaire et une religion entièrement consacrée à la Déesse Mère.

Enfin, le livre propulse *l'œnopsychologie,* en cinq leçons sur les raisons et les enjeux autour du vin, sur les ressorts matériels du pouvoir, du contrôle, de la « masculinité toxique », et sur la puissance économique et politique qu'ils garantissent aux détenteurs du privilège donné par le sexe.

Il soulève des questions décisives pour les femmes de la filière vigne et vin : les réseaux féminins, le mentorat, l'éducation féministe, le développement de ressources individuelles et collectives. Si les femmes sont un peuple en soi[5], le portrait fascinant de celles qui ont su trouver des ressources pour se frayer un chemin dans cet univers souligne leurs contributions individuelles et collectives et résonne avec l'encouragement de la journaliste Nora Ephron : « Soyez avant tout l'héroïne de votre vie, pas la victime. »

Florence Tilkens Zotiades apporte sur ces questions son regard nécessaire, incontournable, *d'initiée féministe* dans la filière de la vigne et du vin : une vision joyeuse, authentique, affirmée.

5. Talmud Bavli, Shabbat 62.

INTRODUCTION

Ce monde a toujours appartenu aux mâles[6].

N'en déplaise aux gardiens du patriarcat, l'univers du vin se féminise... incontestablement... inéluctablement. Cette constatation en appelle une autre : longtemps masculine et cloisonnée, la filière viticole s'est développée autour de normes sexistes excluant ou effaçant les femmes. Si, aujourd'hui, nous saluons le nombre croissant de vigneronnes, œnologues, cavistes, sommelières, dégustatrices... nous devons reconnaître que ces progrès en matière d'équité et d'inclusion sont généralement récents et qu'ils demeurent fragiles. En examinant l'évolution historique, économique, religieuse de cette boisson *hors du commun*[7] ainsi que les raisons de l'exclusion des femmes de cette filière, nous pouvons mieux comprendre les défis contemporains auxquels celles-ci sont confrontées.

Les études de genre sont quasi absentes de l'histoire vitivinicole ; les femmes sont rarement mentionnées dans les archives. Si l'on se réfère aux hypothèses de la découverte du vin par ces dernières et de leur pouvoir nourricier au cours de la préhistoire, si l'on examine leur contribution quotidienne silencieuse et officieuse tout au long de l'histoire, les femmes ont toujours été présentes dans l'univers du

---

6. Simone DE BEAUVOIR, *Le Deuxième Sexe. Tome I, Les Faits et les Mythes,* éditions Gallimard, 2006, p. 111.

7. Laurence ZIGLIARA, *Le Vin, une boisson hors du commun. De ses origines à sa consommation éclairée,* éditions Apogée, collection « Le Savoir Boire », 2021.

vin. Discriminées, ignorées malgré leurs compétences, certaines sont tout de même parvenues à s'imposer dans la filière viticole, en dépit d'un effacement partiel ou total imposé par des traditions et des comportements hétéronormatifs.

Les raisons de cette exclusion historique ont été et restent liées aux enjeux socioéconomiques du vin, insigne de pouvoir et de prestige accaparé par les hommes. Les conséquences de cette mainmise furent multiples : religieuses, économiques, sociétales et patrimoniales. Si nous n'en sommes heureusement plus là, les préjugés et les stéréotypes hérités se font encore ressentir…

Florence TILKENS ZOTIADES

CHAPITRE PREMIER

Le rôle des femmes dans la découverte du vin

Vénérable déesse qui donne les raisins, quelles paroles t'adresserai-je[8] *?*
ARISTOPHANE, *La Paix.*

Viticulture et vin fascinent : l'essor économique et géographique de l'une, les multiples identités culturelles de l'autre, marqueur de civilisation au cours des siècles, constituent un sujet de recherche dans de nombreux domaines. À notre époque où la mise en question de modèles sociétaux clivants est prééminente, l'univers du vin ne fait pas exception : il est régulièrement accusé de machisme, de misogynie, d'exclusion[9].

La genèse du vin étant conjecturale, les questions sur ses origines suscitent un intérêt certain. Si les hypothèses de la découverte du vin et des premières tentatives de culture de la vigne par les femmes sont aujourd'hui admises[10], leur exclusion de la viticulture dès l'âge du bronze, entre rivages de la Méditerranée et golfe Persique, en est

8. *http://remacle.org/bloodwolf/comediens/Aristophane/paix.htm*

9. Diarmuid CAWLEY, « The Power of Wine Language – Critics, Labels and Sexism », *Dublin Gastronomy Symposium* 29-31, May 2018, Dublin, doi.org/10.21427/g5a7-x024.

10. Liz THACH, « The Ancient Connection Between Women and Wine », *Wayward Tendrils Quarterly*, vol. 18, N° 2, avril 2008.

d'autant plus injustifiée. Pour comprendre cette exclusion, il a souvent été donné comme explication la division sexuelle du travail : aux hommes la chasse, aux femmes la cueillette.

Paléolithique : l'origine de la division du travail. Incidence sur la découverte de la vigne et du vin ?

L'homme chasse, la femme cueille ;
l'homme apporte la nourriture, la femme la prépare et la cuit [11].

Les débuts du vin remonteraient au Paléolithique supérieur [12] : Patrick McGovern [13] donne cette hypothèse dans son ouvrage *Naissance de la vigne et du vin* [14], fruit de recherches sur plusieurs décennies et résultat d'analyses multidisciplinaires. En remontant plus loin dans l'histoire, les premiers hominidés, apparus il y a quatre à cinq millions d'années, auraient déjà été capables, physiologiquement, de consommer des fruits et des liquides fermentés. Pour le généticien Matthew Carrigan, « Une mutation serait survenue chez l'ancêtre africain des humains et des grands singes. Elle lui aurait permis de métaboliser l'éthanol – ou alcool éthylique – quarante fois

11. Françoise Audouze, compte rendu de Linda R. Owen, *Distorting the Past. Gender and the Division of Labor in the European Paleolithic,* Tübingen, Kerns Verlag, 2005, *in Bulletin de la Société préhistorique française,* t. 103, n° 2, 2006, p. 411.

12. Entre 40 000 et 10 000 ans av. J.-C.

13. Directeur scientifique du Laboratoire d'archéologie biomoléculaire pour la cuisine, les boissons fermentées et la santé, musée de l'université de Pennsylvanie ; professeur adjoint d'anthropologie à l'université de Pennsylvanie, né en 1944.

14. Titre français d'*Ancient Wine,* traduction parue aux éditions Libre & Solidaire, 2016, avec préface de François Morel et avant-propos de José Vouillamoz.

plus rapidement ![15] » Ce changement métabolique aurait eu comme point de départ une modification du régime alimentaire : contraints de chercher leur nourriture ailleurs que sur les arbres, ces primates frugivores se seraient alors nourris de fruits tombés à terre et partiellement fermentés. L'inclination pour les fruits fermentés n'est d'ailleurs pas le seul fait des humains ; certains animaux et insectes l'ont aussi. La glycolyse anaérobie, autrement dit la fermentation, semble avoir été le processus initial de production d'énergie pour le maintien en vie des cellules[16]. Plus facilement assimilée en raison de la phase de « prédigestion » par les levures et autres micro-organismes, une boisson fermentée est ainsi directement convertie en énergie. L'ingestion par ces premiers hominidés de l'éthanol contenu dans ces breuvages et ces fruits aurait eu des effets sur leur santé en permettant de ralentir leur métabolisme, de faciliter leur digestion et de favoriser le stockage des graisses. L'alcool est un désinfectant : ceux qui en ingéraient risquaient moins d'être affectés par une eau contaminée. Véritable « lubrifiant social », l'alcool détend, soulage, induisant même le sommeil. Le tout premier breuvage alcoolisé fut sans doute une sorte d'hydromel naturel, issu de miel accumulé dans un tronc, détrempé par les pluies et sujet à un début de fermentation[17]. Ces hominidés en auraient constaté les effets psychotropes et observé que l'ingestion de fruits fermentés procurait des sensations similaires, certainement appréciées et recherchées.

---

15. Matthew A. CARRIGAN, Oleg URYASEV, Carole B. FRYE, Blair L. ECKMAN, Candace R. MYERS, Thomas D. HURLEY, Steven A. BENNER, « Hominids adapted to metabolize ethanol long before human-directed fermentation ». *Proc. Natl Acad. Sci. USA,* 2015, Jan. 13 ; 112 (2):458-63 ; doi:10.1073/pnas.1404167111. Epub 2014, Dec. 1. PMID:25453080 ; PMCID:PMC4299227 ; *https://www.ncbi.nlm.nih.gov/pmc/articles/PMC4299227/.*

16. Patrick Edward MCGOVERN, *Ancient Wine. The Search for the Origins of Viniculture,* Princeton University Press, 2003, p. 9.

17. Roger A. MORSE, *Making Mead (Honey Wine) : History, Recipes, Methods and Equipment,* Wicwas Press, Cornell University, 1980.

De l'origine du jus de raisin fermenté[18]

Nous pouvons l'imaginer (le vin paléolithique) comme une sorte de [...] beaujolais nouveau[19].

L'analyse par les archéologues de pépins de raisin carbonisés permet d'en situer la consommation humaine sur tout le pourtour de la Méditerranée dès le Paléolithique. Les quelques exemples suivants illustrent ces découvertes :

• **Terra Amata** à Nice, en France : les pépins de raisin sauvage datant d'environ 400 000 ans av. J.-C. et retrouvés dans les niveaux paléolithiques de ce site attestent de sa consommation par l'*Homo heidelbergensis*, ancêtre probable de Néandertal.

• **Ohalo II,** en Israël : en raison des conditions particulières de conservation des restes végétaux, le site a révélé la présence de vigne sauvage dans ce que l'on identifie comme « des campements saisonniers de chasseurs-cueilleurs épipaléolithiques[20] ».

• **Grotte de Franchthi,** en Grèce : des pépins de raisin *(Vitis vinifera subsp. sylvestris)* datant de 12 000 ans av. J.-C. ont été découverts dans cette grotte située sur la rive nord de la baie de Kilada, dans le golfe Argolique[21].

---

18. Patrick Edward McGovern, *Ancient Wine : The Search for theThe Origins of Viniculture,* Princeton University Press, 2007.

19. *Ibid.*, p. 10.

20. Giorgio Chelidonio, « Aux origines du vin. Du mythe à la recherche archéologique. » In *Le Globe. Revue genevoise de géographie,* tome 155, 2015, p. 67-68.

21. Maria Gkioni, « The Palaeolithic settlements in Greece. Face to face with a new unstable environment », *in Man and Mountains : Palaeogeographical and Archaeological Perspectives,* Studies of the Institute of Geography UJK, Kielce, éditeurs : Tomasz Kalicki, Bartłomiej Sz. Szmoniewski, 2008 ; *www.researchgate.net/publication/257947688.*

Aliment de choix en vertu de sa saveur acidulée, le raisin aurait vraisemblablement suscité chez notre ancêtre des envies de cueillette et d'entreposage. L'entassement des grains aurait alors entraîné la rupture des pellicules et l'écoulement du jus. Grâce aux levures présentes sur les peaux, celui-ci aurait fermenté, se transformant ainsi en une substance alcoolisée procurant calories, chaleur, euphorie. En résumé, le premier vin aurait été obtenu par une sorte de macération carbonique naturelle, hypothèse admise par la communauté internationale des historiens du vin.

Si nous associons la division sexuée du travail à l'hypothèse paléolithique, le vin aurait bien été découvert par des femmes de cette période au cours de leurs activités de cueillette. Par quel raisonnement arrivons-nous à cette conclusion ? L'absence de sources textuelles pour l'étude des sociétés protohistoriques et la faiblesse des traces archéologiques sont une limite à la compréhension des rapports sociaux au cours du Paléolithique supérieur. Ce handicap exige la mise en place d'un cadre méthodologique particulier. Les outils alors utilisés sont le comparatisme ethnographique et l'étude des vestiges. Si ces derniers ne nous renseignent pas obligatoirement sur la distribution des rôles entre les hommes et les femmes, le comparatisme ethnographique constitue une approche intéressante. La division sexuée du travail, dès lors qu'elle est débarrassée des stéréotypes de genre et d'une répartition du travail hiérarchisée, constitue l'une des prémisses de ce raisonnement.

Les recherches récentes et les combats féministes ont incité à repenser la hiérarchie des sexes et leur rôle, non seulement dans le présent, mais aussi au cours de la préhistoire[22]. Il est admis que les

22. Claudine COHEN, *Femmes de la préhistoire,* éditions Belin/Humensis, 2016. Première édition : Taillandier, Paris, 2019 et 2021, p. 17.

débuts d'une structuration sociale édifiée sur les principes de la division du travail remontent à cette période. Le fondement de cette répartition aurait été des plus simple, à savoir le dimorphisme sexuel menant à une dichotomie des compétences. Bémol toutefois : lorsqu'un site livre des indices sur un travail particulier, il est difficile de présumer strictement de l'identité sexuelle de la personne à qui cette activité fut confiée. Le refus d'une division biaisée des tâches [23] n'empêche pas, toutefois, l'éventuelle existence d'invariants culturels dans le mode de vie des chasseurs-cueilleurs. Plus qu'une simple différenciation des rôles fondée sur le genre, il est possible que des stratégies de spécialisation dans la recherche de types précis de nourriture (cueillette, pêche, chasse au petit ou au gros gibier) aient été mises en œuvre.

En utilisant le comparatisme ethnographique, il est possible de proposer un modèle spéculatif de la division du travail au cours de cette période et d'en déduire le rôle de la femme dans la découverte du vin. Ainsi, l'analogie avec des peuples chasseurs-cueilleurs plus récents vient étayer cette théorie et permet d'écarter la caricature de l'homme actif chasseur et de la femme passive domestique. Ces observations ethnographiques montrent au contraire la contribution significative des femmes aux activités de subsistance du groupe par la collecte [24]. Chez les chasseurs-cueilleurs, il est estimé que la collecte fournit typiquement 70 % de la nourriture, jouant ainsi un rôle prépondérant pour la survie du groupe [25]. Parcourant chaque jour des kilomètres pour rapporter des plantes, des fruits, des graines, du petit gibier, ramasser les coquillages, les œufs ou encore rabattre le

---

23. Alain TESTART, *Essai sur la division du travail chez les anciens chasseurs-cueilleurs*, Paris, éditions de l'EHESS, 1986.

24. Cueillette des plantes, chasse aux petits animaux.

25. Richard B. LEE, Irene DEVORE, *Man The Hunter*, Chicago, Aldine Press, 1968.

grand gibier lors des chasses, les cueilleuses en assurent la plus grande partie. Dans ce contexte d'exploration, il est vraisemblable que les femmes du Paléolithique supérieur aient découvert la vigne, ses baies et par inadvertance le jus de raisin fermenté, lors de leurs activités de collecte.

S'il est admis que les femmes fournissaient plus de la moitié des ressources alimentaires, elles étaient sans doute investies « d'un pouvoir nourricier considérable[26] » et bénéficiaient « d'un statut social respecté[27] » en raison de ces compétences. Nous savons que tout au long de l'histoire, bien avant l'avènement des molécules synthétiques[28], les breuvages fermentés s'imposèrent dans la pharmacopée… Du fait qu'ils aient été découverts par les femmes et en vertu de leurs propriétés thérapeutiques, ils augmentaient le pouvoir nourricier d'un pouvoir de guérison et ainsi conféraient aux femmes une certaine autorité sur le groupe.

La période étudiée, le Paléolithique supérieur, et la zone géographique couverte, l'ouest du continent eurasiatique, sont respectivement trop longue et trop vaste pour conclure que la situation des femmes ait pu être uniforme en tout endroit[29]. L'affirmer impliquerait aussi que certaines activités fussent universellement féminines ou universellement masculines et que tous les peuples de chasseurs-cueilleurs eussent vécu de la même manière.

---

26. Claudine COHEN, « Quelle était la place des femmes au Paléolithique supérieur ? » *Pour la science,* n° 537, 23 juin 2022; *https://www.pourlascience.fr/sd/prehistoire/quelle-etait-la-place-des-femmes-au-paleolithique-superieur-23961.php*

27. *Ibid.*

28. Patrick Edward MCGOVERN, *Ancient Wine…, op. cit.*, p. 133.

29. Anne AUGEREAU, Christophe DARMANGEAT, Dominique HENRI-GAMBIER, Nicolas TEYSSANDIER, « Paléolithique : où sont les femmes ? » *Pour la science,* n° 537, 23 juin 2022; *https://www.pourlascience.fr/sd/prehistoire/paleolithique-ou-sont-les-femmes-23962.php*

Simplisme et nocivité des stéréotypes liés au genre

Les humains sont toujours fascinés (et tourmentés) par les origines ; les débuts de l'œnologie ne font pas exception[30].

« Les hommes, les jeunes, courent dans les bois. Leur arme est d'abord la branche noueuse arrachée au chêne ou à l'orme, la pierre ramassée au sol. Les femmes restent cachées dans la demeure, étape improvisée ou grotte, avec les vieux, avec les petits. Dès ses premiers pas titubants, l'homme est aux prises avec un idéal, la bête qui fuit et qui représente l'avenir immédiat de la tribu, le repas du soir, dévoré pour faire des muscles aux chasseurs, du lait aux mères. La femme, au contraire, n'a devant elle que la réalité, présente et proche, le repas à préparer, l'enfant à nourrir, la peau à faire sécher, plus tard le feu à entretenir. C'est elle sans doute qui trouve le premier outil, le premier pot, c'est elle le premier ouvrier[31]. »

Néolithique : la domestication de la vigne par les femmes ?

Il est fort probable qu'en raison d'une certaine division du travail entre les sexes, les femmes ont contribué plus que les hommes au progrès de l'histoire économique, en particulier à la transition d'un genre de vie sédentaire, d'une base de subsistance naturelle à une base artificielle[32].

30. Patrick Edward McGovern, « The Dawn of Wine » in *Tears of Bacchus. A History of Wine in the Arab World,* Michael Karam éd., Gilgamesh Publishing, The Johnny R. Saadé Foundation, Londres, 2019, p. 24.

Il est généralement admis que le passage de la vigne sauvage à la vigne cultivée et les débuts de la vinification eurent lieu simultanément au cours du Néolithique, entre le VIe et le Ve millénaire avant notre ère. Les données archéologiques, archéochimiques et archéobotaniques dont nous disposons situent l'apparition de la viticulture dans le Caucase du Sud, entre mer Noire et mer Caspienne. Pour David Maghradze, de l'Institut d'horticulture, de viticulture et d'œnologie de Tbilissi (Géorgie), il n'est cependant pas exclu que la viticulture ait fait son apparition simultanément[33] dans plusieurs autres endroits limitrophes de cette région, dont en Mésopotamie. Quoi qu'il en soit, les nombreuses traces biologiques, les pépins de raisin retrouvés sur les sites archéologiques, témoignent de l'importance du vin au cours de cette période. Ainsi la découverte de résidus d'acide tartrique — l'un de ses composants — dans des vestiges de poteries sur le site d'Hajji Firuz Tepe, en Iran, atteste d'une fabrication du vin dès le VIe millénaire avant notre ère[34].

L'une des causes fondamentales de cette révolution néolithique, à savoir le passage à la sédentarisation et la naissance de l'agriculture, est la recherche d'une subsistance régulière par une meilleure exploitation des ressources concentrées sur un seul lieu, généralement autour de l'habitat. Une autre raison, moins conformiste sans doute,

---

31. Élie FAURE, *Histoire de l'art,* vol. I, Paris 1909, éditions Jean-Jacques Pauvert, 1964, p. 41.

32. James George FRAZER, *The Golden Bough (Le Rameau d'or)*, vol. I, part IV, Macmillan Publishers, New York, 1912, p. 129.

33. David MAGHRADZE, Laura RUSTIONI, Jozef TUROK, Attilio SCIENZA, Osvaldo FAILLA, « Caucasus and Northern Black Sea Region Ampelography » in *Vitis, The Journal of Grapevine Research*, numéro spécial, J.K.I. éd., Quedinburg (Allemagne), 2012, p. 17.

34. Patrick Edward MCGOVERN, Ulrich HARTUNG, Virginia R. BADLER, Donald L. GLUSKER, Lawrence J. EXNER, « The Beginnings of Winemaking and Viniculture in the Ancient Near East and Egypt », *Expedition Magazine,* vol. 39, n° 1, 1997.

a été évoquée : pour le botaniste Jonathan D. Sauer[35], la première motivation des humains à cultiver les céréales aurait été de faire de la bière[36]. Si ce raisonnement est appliqué à la vigne et au vin, la vigne aurait donc été cultivée avec l'objectif de faire du vin et non de consommer ses fruits frais ou séchés. Les implications, à savoir qu'une certaine appétence pour l'éthanol alimentaire aurait déclenché la révolution néolithique et le passage à la sédentarité, sont profondes : elles confèrent aux boissons fermentées, en particulier au vin, un pouvoir d'action considérable et la capacité de transformer radicalement des modes de vie ; pouvoir devenu symbolique par la suite et repris par un grand nombre de religions.

Les femmes jouèrent vraisemblablement un rôle central dans les débuts de l'agriculture et de la viticulture. Spécialisées dans les activités de cueillette ou de collecte au cours de la période historique précédente, elles avaient appris à observer et comprendre les plantes. Elles furent sans doute les premières à semer, récolter, domestiquer. Pour la vigne, elles auraient ainsi compris, par l'observation et la déduction, que seuls certains plants donnaient des grappes complètes, mieux formées, sur des périodes précises de l'année. Elles les auraient alors sélectionnés pour les cultiver sur les sols les mieux adaptés. Pour l'historienne et philosophe Claudine Cohen, « Nous ne sommes pas loin de l'idée que l'invention de l'horticulture et de l'agriculture – innovations qui ont radicalement changé le cours de l'évolution humaine – fut principalement le fait des femmes[37]. »

35. Botaniste et géographe des plantes américaines (1918- 2008).

36. Solomon H. KATZ, Mary M. VOIGT, « Bread and Beer. Bread and Beer : The Early use of Cereals in the Human Diet », *Expedition Magazine*, 28.2, 1986. Penn Museum ; *https://www. penn. museum/documents/publications/expedition/PDFs/28-2/Bread. pdf*

37. Claudine COHEN, « Quelle était la place des femmes au Paléolithique supérieur ? », *op. cit.*

APRT3-Y : de l'hermaphrodisme de la vigne cultivée

Les premiers humains à avoir cultivé la vigne ont aussi peut-être croisé ces mutants hermaphrodites avec des plants mâles et femelles[38].

La vigne cultivée est hermaphrodite. En 2020, une équipe de scientifiques du CNRS, de l'INRAE et de l'Université Claude-Bernard-Lyon I a identifié un gène baptisé APRT3-Y, responsable de cet hermaphrodisme, à la suite du séquençage du génome de la vigne sauvage (*Vitis sylvestris*) et de sa comparaison avec celui de la vigne cultivée. Leurs travaux sont parus dans la revue *Genome Biology* (septembre 2020).

Gabriel Marais, l'un des chercheurs, explique que « chez la vigne domestique *Vitis vinifera,* l'expression du gène APRT3-Y est modifiée et est en grande partie inhibée, ce qui permet aux carpelles de se former ; ainsi les fleurs deviennent à la fois mâles et femelles[39] ». Elles contiennent les étamines (organes reproducteurs mâles) et le pistil (organe reproducteur femelle). Il n'est donc pas nécessaire de les polliniser, tous les plants pouvant produire des fruits.

Pour ces scientifiques, les formes primitives de la vigne sauvage au cours de l'ère tertiaire produisaient vraisemblablement des

38. Gabriel MARAIS, coauteur de l'étude sur la découverte du gène responsable de l'hermaphrodisme de la vigne.

39. Thomas ALLARD, « Des chercheurs ont découvert comment la vigne est devenue hermaphrodite », *Sciences et Avenir,* 10 septembre 2020 ; *https://www.sciencesetavenir.fr/nature-environnement/plantes-et-vegetaux/des-scientifiques-identifient-le-gene-qui-serait-a-l-origine-du-changement-de-sexe-chez-la-vigne_147288*

fleurs hermaphrodites tout comme la vigne cultivée aujourd'hui. Pour des raisons encore inexpliquées et peut-être liées aux conditions climatiques difficiles de la dernière période glaciaire[40], la vigne sauvage serait devenue dioïque dans toute son aire de répartition, quelques plants n'ayant toutefois pas été affectés[41]. Les populations du Néolithique auraient alors sélectionné ces plants hermaphrodites, plus productifs que les autres, pour les cultiver.

40. Entre 110000 ans et 10000 ans av. J.-C. environ.

41. Patrick Edward McGovern, *Ancient Wine...*, *op. cit.*

CHAPITRE II

Les origines de la discrimination des femmes. *Ô temps, ô mœurs*[42] !

Le vin est un élément de premier plan dans l'émergence des civilisations du Croissant fertile au cours de l'âge du bronze. Il connaît un essor remarquable en raison du passage d'une viticulture vivrière à une viticulture commerciale et du développement de la poterie permettant de le contenir et de le transporter. La naissance de la civilisation urbaine entraîne une modification de la consommation alimentaire. L'usage du vin s'en trouve modifié et élargi ; à son rôle de médicament, désinfectant, pourvoyeur de calories, s'ajoutent des fonctions rituelles, religieuses et d'appartenance sociale.

Âge du bronze : l'exclusion des femmes. Le Croissant fertile[43]

Siduri qui abreuve de vin les dieux, qui habite sur le rivage[44]...

En Mésopotamie, région d'une opulence remarquable, le développement des cités-États et d'une civilisation urbaine survient vers

42. CICÉRON, *Catilinaires,* I, 1. *O tempora, o mores* (« autres temps, autres mœurs »).

43. Aujourd'hui : Palestine, Israël, Jordanie, Syrie, Liban, sud-est de la Turquie, nord et est de l'Irak, frange ouest de l'Iran.

44. *L'Épopée de Gilgamesh,* traduction et adaptation d'Abed AZRIÉ, Berg International, Paris, 2006.

3100 av. J.-C.[45] ; il va de pair avec une intensification de la production de vin à des fins commerciales. La fabrication d'outils agricoles, d'armes, d'ornements en métaux – cuivre, bronze – au cours de cet âge s'accompagne d'une économie nouvelle fondée sur les échanges commerciaux, d'une spécialisation accrue pour l'exécution de certains ouvrages et d'une organisation sociale complexe. Les rapports de pouvoir entre les hommes et les femmes sont radicalement transformés et ouvrent la voie aux principes d'un ordre social inégalitaire, fondé sur la hiérarchisation des genres en faveur du masculin.

La maîtrise du métal modifie également l'art de la guerre. Les conséquences idéologiques qui en découlent sont irréversibles ; le groupe confie désormais sa subsistance non plus au pouvoir nourricier des femmes mais bien au commandement politique masculin, guerrier et hiérarchisé. Un nouveau statut social de type aristocratique voit alors le jour dans les sociétés de l'âge du bronze, dans le Croissant fertile, mais également en Europe du Nord et sur tout le pourtour de la Méditerranée[46]. Pour l'historienne Gerda Lerner[47], le développement significatif des hiérarchies patriarcales en Mésopotamie et dans les autres civilisations de cet âge du bronze serait lié à une intensification du commerce, de la formalisation et de la documentation des opérations associées à la propriété, à la succession et à la richesse[48]. Fortune, pouvoir, androcentrisme entretiennent une relation de causalité ; l'exclusion des femmes des sphères de production, génératrices d'opulence et de puissance, trou-

45. John Nicholas POSTGATE, *Early Mesopotamia : Society and Economy at the Dawn of History*, chap. 2, Routledge, Londres, 1992.

46. Kristian KRISTIANSEN, Thomas B. LARSSON, « L'âge du bronze, une période historique. Les relations entre Europe, Méditerranée et Proche-Orient », *Annales. Histoire, Sciences sociales*, éditions de l'EHESS, 2005/5, p. 975-1007.

47. Historienne féministe américaine (1920- 2013).

48. Gerda LERNER, *The Creation of Patriarchy*, vol. 1, *Women and History*, Oxford University Press, New York et Oxford, 1986.

verait donc ses racines dans cette transformation sociétale. Viticulture et vinification n'échappent pas à ce phénomène ; le vin devient une source d'enrichissement et une démonstration de pouvoir dont les femmes sont exclues. Les réseaux commerciaux de la période d'Uruk tardif[49] sont d'ailleurs dirigés par des rois, des entrepreneurs, des lettrés depuis leurs palais et leurs temples d'Ur, d'Uruk et d'ailleurs. Même si les bières et les autres boissons alcoolisées à base de fruits, notamment de dattes, ont encore la faveur des Mésopotamiens, le vin est devenu indispensable : importé du Zagros et de Haute Mésopotamie, il est aussi l'un des trois aliments dont se nourrissent les dieux…

Au cours de l'âge du fer, la diffusion de la viticulture et la consommation du vin poursuivent leur essor dans tout le monde méditerranéen. Les Phéniciens[50] en deviennent les opérateurs incontournables. Production et entreposage au cours de cette période sont attestés par la quantité et la variété de jarres et d'amphores, de pressoirs et de cuves découverts. Les fouilles archéologiques entreprises sur le site côtier de Tell el-Burak dans le sud du Liban ont ainsi révélé un pressoir à vin phénicien vieux de 2 600 ans, considéré comme le premier pressoir de l'âge du fer.

Il n'existe, en l'état actuel des recherches, aucune source archéologique attestant un quelconque rôle des femmes dans la viticulture ou dans l'élaboration du vin au cours de cette période. Faut-il en déduire qu'elles en étaient exclues ? Deux arguments tendraient à le confirmer. Le premier est le statut des femmes des âges du bronze et du fer : naître femme y est une garantie de discrimination et, s'il est une valeur à laquelle les sociétés de cette période sont étrangères, c'est l'égalité entre sexes. Dès ses premiers jours, la petite fille subit l'autorité de son père. Elle ne se libère de la domination paternelle

49. Environ de 3500 à 3100 av. J.-C.

50. Peuple sémitique apparenté aux Cananéens et aux Araméens, vivant sur la côte orientale méditerranéenne (Liban actuel, partie de la Syrie et d'Israël).

que pour accepter celle de son époux. Tout au long de sa vie au parcours tracé dès la naissance, une femme doit tolérer l'autorité d'un homme et est maintenue dans les fonctions de procréation et d'entretien du foyer. Le second argument est fondé sur la prospérité et la puissance que procurait le commerce du vin. Pour l'historien Roderick Phillips[51], vigne et vin furent accaparés par les hommes (au détriment des femmes) en raison des enjeux économiques qu'ils représentaient.

Kug-Bau[52] de Kish, une exception ?

La Tavernière[53]

Cette reine légendaire de Mésopotamie aurait régné cent ans sur la cité-État de Kish. Elle apparaît dans la liste des rois sumériens, tablettes gravées en cunéiforme qui indiquent le nom et les épithètes de ces souverains. Seule reine de plein droit, plutôt que consort, elle serait montée sur le trône vers 2400 av. J.-C.

51. Professeur d'histoire européenne et d'histoire de l'alcool et la nourriture à l'université Carleton (Ottawa, Canada).

52. Également nommée Ku-Baba ou Ku-Bawa, reine de Kish, cité-État sumérienne, florissante au IIIe millénaire av. J.-C.

53. Jeremy Allen Black, G. Cunningham, E. Fluckiger-Hawker, E. Robson, G. Zólyomi, *The Electronic Text Corpus of Sumerian Literature* (*http://www-etcsl.orient.ox.ac.uk/*), Oxford, 1998. Copyright © J. A. Black, G. Cunningham, E. Robson, and G. Zólyomi 1998, 1999, 2000 ; J. A. Black, G. Cunningham, E. Flückiger-Hawker, E. Robson, J. Taylor, et G. Zólyomi, 2001.

Si l'on considère l'exclusion des femmes des activités viticoles dans ce contexte patriarcal, l'épithète de cette reine — plus longue que la plupart de celles des rois énumérés — fait précisément référence à une de ces activités, ce qui ne manque pas d'intérêt : la tavernière qui restaura les fondations de Kish... Cette épithète peut aussi être traduite par « la femme de vin » ou « la femme de bière[54] ». Espace économique et social où l'ivresse est tolérée, la taverne babylonienne participe au renseignement : le Code de Hammourabi[55] oblige les tenanciers de taverne à dénoncer les éventuels conspirateurs, sous peine de mort. Contradiction intéressante : si les femmes sont exclues de la production de vin, elles sont autorisées par ce code à posséder tavernes et débits de boisson. Pour l'historien du monde mésopotamien Jean-Jacques Glassner[56], les femmes, à l'exception des prêtresses et des hiérodules, frappées de mort en cas de désobéissance[57], auraient peu à peu gagné l'exclusivité de cette activité[58], acquérant ainsi une certaine influence : celle des espionnes et autres Mata Hari.

54. Jerald Jack STARR : *https://sumerianshakespeare.com/748301/769001.html*

55. Ensemble de 282 lois babyloniennes rédigées par le roi Hammourabi, qui régna de 1792 à 1750 av. J.-C.

56. Né en 1944.

57. Patrick Edward MCGOVERN, *Ancient Wine..., op. cit.*, p 153.

58. Jean-Jacques GLASSNER, *Les Dieux et les Hommes : le Vin et la Bière en Mésopotamie ancienne* ; Dominique FOURNIER, Salvatore D'ONOFRIO, *Le Ferment divin*, éditions de la Maison des sciences de l'homme, 1991, p. 127-146 ; *http://books.openedition.org/editionsmsh/2416.*

La Déesse Mère : la figurine de Myrtos[59] ou le pichet révélateur

[…] Soutien, protectrice de la nature, déesse de la Végétation et déesse des Trois Royaumes de la nature : terre, air et mer[60].

Autre exception à l'exclusion des femmes du monde viticole : la civilisation minoenne[61]. Cette dernière développe une économie autour de la vigne, chaque palais possédant son vignoble, sa table de foulage et ses aires d'entreposage du vin. Elle joue également un rôle fondamental dans l'établissement de la viticulture en mer Égée. Selon Joan Marie Cichon, les femmes auraient été libres de participer à toutes les activités de la vie économique et sociale ; elles auraient occupé les plus hautes fonctions dans tous les domaines : cultuel, religieux, social, agricole, commercial[62].

Si le linéaire A, le système d'écriture des Minoens, demeure indéchiffré à ce jour[63], nous disposons d'une abondante iconographie, d'objets rituels ou domestiques qui attestent la puissance des femmes : elles y sont représentées dans leurs activités de mar-

59. Pichet en forme de femme représentant vraisemblablement la Déesse Mère ; découvert dans un sanctuaire lors des fouilles archéologiques de Myrtos Fournou Korifi ; utilisé pour le vin des libations (2900-2300 av. J.-C.).

60. Joan Marie CICHON, *Matriarchy in Bronze-Age Crete. A Perspective From Archaeomythology and Modern Matriarchal Studies,* Archaeopress Publishing Ltd., Oxford, 2022, p. 87.

61. Île de Crète, environ de 3000 à 1200 av. J.-C.

62. *Ibid.*

63. Indéchiffré à ce jour, excepté les idéogrammes, identiques à ceux du linéaire B et signifiant « vin » et ses dérivés. Ester SALGARELLA, « A note on the Linear A & B Ideogram AB131/VIN Wine and its Variants : References to Time Notation ? » *Ktèma. Civilisations de l'Orient, de la Grèce et de Rome antiques,* n° 45, Presses universitaires de Strasbourg, 2020, p. 161-172.

chandes, de navigatrices, d'artistes... Pour ce qui est de l'agriculture et de la viticulture, l'étude des anneaux et des sceaux témoigne du rôle prépondérant des Minoennes dans toutes les étapes de production ainsi que de leur implication dans le développement du commerce de longue distance pour ces produits[64]. L'archéologue Marija Gimbutas[65] définit la Crète minoenne comme une société matrilinéaire et matristique[66]. La religion minoenne est par ailleurs consacrée à la Déesse Mère, divinité productrice[67], dont l'une des manifestations est la déesse de la Nature[68] et des Cycles. Nous ne disposons d'aucune preuve de l'existence d'une divinité masculine majeure dans la Crète minoenne, les premières représentations d'un dieu mâle ne datant que de la période géométrique, vers 810 av. J.-C. [69].

Certaines religions de l'âge du bronze ancrent l'invisibilisation des femmes du monde viticole. Dès lors que la vigne et le vin deviennent les prérogatives d'un dieu mâle, Dionysos en l'occurrence, arrivé bien tardivement dans le panthéon hellénique, les femmes disparaissent, excepté dans les manifestations excessives et réprou-

64. Ruby ROHRLICHT-LEAVITT, « Women in Transition : Crete and Sumer », *in* Renate BRIDENTAHL and Claudia KOONS, éd., *Becoming Visible : Women in European History,* Houghton Mifflin, Boston, 1977, p. 36-60.

65. Archéologue et préhistorienne américaine (1921-1994).

66. Néologisme créé par Marija GIMBUTAS pour décrire le type de société ayant existé du Paléolithique au début de l'âge du bronze, centrée autour des femmes et définie par un partenariat matrilinéal.

67. Nikólaos PLATON, *Crete,* The World Publishing Company, New York, 1966.

68. Nanno MARINATOS, *Minoan Religion : Ritual, Image and Symbol,* University of South Carolina Press, 1993.

69. Geraldine Cornelia GESELL, « Town, Palace and House Cult in Minoan Crete », *Studies in Mediterranean Archaeology* 67, Paul Aströms Förlag, Göteborg, 1985.

vées du culte dionysiaque. Mentionné dans le linéaire B, système d'écriture déchiffré des Mycéniens, chanté par Homère, Dionysos serait apparu à une époque antérieure à celle de la tradition épique. Celle-ci ayant été forgée au cours des siècles obscurs (du XIIe au VIIIe siècle av. J.-C.) après la chute de Mycènes, Dionysos étant mentionné dans le linéaire B, pouvons-nous conclure que les Mycéniens intégrèrent cette nouvelle divinité au panthéon olympien ? Mycènes[70] : une autre civilisation de l'âge du bronze où le commerce de vin connaît un essor remarquable ; Mycènes, patriarcale et hiérarchisée.

Antiquité : la femme, une mineure du point de vue juridique. L'Égypte : une exception ?

> *Elles vivent dispersées parmi les hommes, rattachées par l'habitat, le travail, les intérêts économiques, la condition sociale, à certains hommes – père ou mari – plus étroitement qu'aux autres femmes*[71].

L'histoire de l'Antiquité repose dans une large mesure sur l'étude des classes dirigeantes pour les Égyptiens, des citoyens pour les Grecs, des patriciens pour les Romains. Les femmes décrites par la littérature de cette période sont principalement celles qui appartiennent ou sont associées à l'élite de ces sociétés[72]. Si patriarcale et hiérarchisée qu'elle soit, l'Antiquité, d'une culture à l'autre, ne traite pas toutes les femmes de la même manière quant à leur accès au vin.

70. Environ de 1650 à 1100 av. J.-C.

71. Simone DE BEAUVOIR, *Le Deuxième Sexe.* Tome I : *Les Faits et les Mythes,* éditions Gallimard, 2006, p. 21.

72. Sarah B. POMEROY, *Goddesses, Whores, Wives and Slaves. Women in Classical Antiquity,* The Bodley Head-Penguin-Random House, London, 2015.

Si l'iconographie et les écrits attestent des pratiques associées à la viticulture et à la consommation du vin, ils offrent peu de renseignements sur leur participation ; ces œuvres sont d'ailleurs composées par des hommes. Viticulture et vinification en tant qu'activités économiques masculines participent à la construction d'une misogynie à visée de contrôle. Dans l'Antiquité gréco-romaine, la loi et la tradition font de la femme une mineure dont le seul état est celui du mariage ; « et l'état de mariage se reconnaît à ce qu'on procrée des enfants à soi, à ce qu'on introduit ses fils dans la phratrie et le dème, à ce qu'on donne ses filles en mariage comme étant les siennes propres[73] ». Les femmes sont donc mises sous tutelle. Les trois civilisations antiques du vin évoquées ici sont l'Égypte, la Grèce et Rome. Ces deux dernières présentent des degrés différents de discrimination envers les femmes. Avant sa conquête par Alexandre le Grand en 332 av. J.-C., l'Égypte est en ce sens une exception.

Égypte

L'eau d'Ounas[74] est du vin, comme celle de Râ [...][75].

Les femmes y ont le droit de posséder, de gérer, de décider, voire de gouverner. Contrairement aux Grecques et aux Romaines, elles jouissent des mêmes droits que les hommes. Même si leur rôle d'épouse et de mère demeure fondamental, elles peuvent gérer leur propre entreprise, acheter et cultiver la terre, vendre biens et pro-

---

73. DÉMOSTHÈNE, « Contre Nééra », *Plaidoyers civils*, IV, § 122, traduction de Louis GERNET, Les Belles Lettres, Paris, 1960.

74. Neuvième et dernier pharaon de la Ve dynastie (Ancien Empire égyptien).

75. James P. ALLEN, *The Ancient Egyptian Pyramid Texts. Fragment 143 du Texte des Pyramides d'Ounas*, Society of Biblical Literature, Atlanta, 2005, p. 30.

duits. Elles exercent la médecine, sont brasseuses, tisserandes, parfumeuses. Elles occupent des postes élevés dans l'administration, ont des fonctions spirituelles ou académiques. Elles ont la possibilité de divorcer et elles héritent. Lorsqu'elles se marient, elles gardent leurs biens propres, qu'elles administrent à leur guise, même s'il existe un contrat de mariage. En cas de divorce, elles peuvent intenter un procès afin de récupérer les biens du ménage. Enfin, les Égyptiennes boivent du vin, car les exclusions autour de ce breuvage relèvent davantage de la classe que du sexe : l'élite des deux sexes le consomme alors que les autres classes boivent de la bière. Dans un contexte d'égalité de droits entre hommes et femmes, exceptionnel pour la période, nous pourrions imaginer que les Égyptiennes aient possédé des vignobles et des chais et qu'elles aient eu leur place dans ce secteur économique. Ce ne fut sans doute pas le cas.

Pour comprendre le développement de sa viticulture, il est important de retracer la genèse du vignoble égyptien. La vigne ne fait pas partie de la flore originelle du pays et le vin de l'Égypte prédynastique est importé. L'un des plus anciens témoignages est la découverte, lors des fouilles effectuées dans la nécropole d'Oumm el-Qa'ab[76], attribuée au roi Scorpion Ier, de plus de 700 jarres d'une contenance de six à sept litres remplies d'un vin résiné provenant de l'actuelle Palestine[77]. Selon Patrick McGovern, dès lors que les rois et les classes supérieures eurent goûté et aimé le vin importé de Canaan[78], le pouvoir royal décida de financer l'implantation et le développement d'une viticulture dans le delta du Nil. Cette opération, réalisée vers 3200 av. J.-C., aurait eu pour objectif d'exercer un

76. Située aux abords de la cité antique d'Abydos.

77. Fouilles de 1988.

78. Région de l'âge du bronze située sur la rive orientale de la Méditerranée et correspondant aujourd'hui à Israël, à la Palestine, à l'ouest de la Jordanie, au Liban et à l'ouest de la Syrie.

contrôle sur la production du vin, en premier lieu réservé aux dieux, puis à Pharaon, représentant des dieux sur terre ; à ses proches, aux hauts fonctionnaires et aux grands-prêtres. La découverte de la tombe de Metjen, haut dignitaire de l'Ancien Empire[79], et la description de ses biens attestent l'importance nouvelle de la viticulture pour les notables. De vastes étendues de vignes domestiques sont ainsi plantées dans le delta du Nil. Ce travail… pharaonique est réalisé grâce à l'intervention de vignerons cananéens avertis, recrutés pour cette opération. Les plants de vigne furent apportés par voie terrestre à travers le Sinaï ou par voie maritime. Il fut ensuite nécessaire de faire appel à d'autres experts pour aménager les vignobles, palisser, creuser des canaux d'irrigation, construire les installations accueillant pressoirs, jarres, amphores pour la fermentation et la conservation du vin. Vint ensuite la supervision de ces opérations, l'entretien des vignes, l'élaboration du vin pour une production importante, contrôlée par l'administration royale. L'industrie vitivinicole égyptienne née de ce transfert de techniques fut un succès qui perdura jusqu'aux invasions arabes du VIIe siècle : les domaines viticoles du delta fournissaient alors les temples d'Égypte, pour lesquels le vin était une offrande, notamment au cours de la VIe dynastie[80].

Les Égyptiennes ne participèrent vraisemblablement pas à la création des vignobles du delta : confiée à des vignerons venus d'ailleurs, la viticulture égyptienne antique est sans doute la première au monde à avoir fait appel à une main-d'œuvre étrangère masculine non esclave. Aucun nom de vigneronne ou de maîtresse de chai ne semble avoir été mentionné dans les listes tenues méticuleusement

---

79. Période de l'histoire de l'Égypte antique couvrant une partie du IIIe millénaire (environ de 2700 à 2200 av. J.-C.).

80. Michael KARAM, *Tears of Bacchus. A History of Wine in the Arab World*, Gilgamesh Publishing, The Johnny R. Saadé Foundation, Royaume-Uni, 2019, p. 52-54.

par les scribes, alors que ceux de certains vignerons cananéens, de domaines du delta et de vins l'étaient[81]. L'ample iconographie de l'Égypte antique sur la viticulture, dont la fresque funéraire de la chapelle de Nakht[82], ne représente d'ailleurs que des hommes dans les actions de cueillette et de foulage du raisin. Dans la mesure où d'autres fresques dépeignent les activités des femmes telles que la fabrication de la bière, le service du vin[83] ou la participation à des banquets, il est permis de douter de leur rôle dans la production de vin.

Rénénoutet : une déesse égyptienne du Vin ?

La dame de la nourriture, la souveraine des provisions, la dame du grenier[84].

Si Osiris est le dieu incontesté du Vin et de l'Agriculture, Rénénoutet, déesse agraire, y est aussi présente. Les premières fresques associant la déesse à ces activités apparaissent au début du Nouvel Empire[85] : son nom ou sa représentation y sont toujours en relation avec des travaux agricoles dans des champs de céréales ou dans les vignes. Les fresques de certaines tombes thébaines de la XVIIIe dynastie[86] dépeignent son culte dans le contexte viticole : elle est représentée debout sur un pressoir, au-dessus du canal d'écoulement, et souvent entourée de jarres à vin, en particulier dans les tombes de Rekhmirê[87] et de Nebamon[88]. Les vignerons l'invoquent lors des opérations de foulage. Bien plus qu'une déesse de la Végétation, Rénénoutet est la déesse de la transformation du raisin en vin ; entre vendange et emmagasinage des jarres, elle veille à toutes les opérations[89].

Grèce

Il portait, lui, la vendange dedans une hotte et la foulait en la cuve, puis aidait à remplir les jarres ; elle, de son côté, préparait à manger aux vendangeurs, et leur versait du vin de l'année précédente[90].

La disparition des femmes des opérations viticoles dans la Grèce Antique est attestée par l'absence de témoignage. Les Grecques appartiennent à une société « bipartite, composée d'un monde masculin et d'un monde féminin, qui ont chacun leurs domaines et leurs espaces propres et séparés[91] ». Ce que nous apprenons d'elles est relayé par le regard masculin et la parole des hommes. La société est

---

81. *Ibid.*, p. 54.

82. Scribe et astronome ayant probablement vécu sous le règne de Thoutmôsis IV, vers 1410-1370 av. J.-C.; vallée des Rois, Thèbes; *https://www.musee-virtuel-vin.fr/fresques-antiques*

83. Fresque de la tombe du sculpteur Nebamoun, vers 1390-1349 av. J.-C., vallée des Nobles, nécropole de Thèbes.

84. Épithètes données à Rénénoutet.

85. Environ de 1570 à 1069 av. J.-C.

86. De 1550 à 1292 av. J.-C.

87. Vizir sous le règne de Thoutmôsis III, XVIIIe dynastie, TT100.

88. Haut fonctionnaire sous le règne d'Amenhotep III, XVIIIe dynastie, TT90.

89. Frédéric MOUGENOT, « Rénénoutet et les étoffes. Déesse de la Végétation ou gardienne des trésors ? » in *Revue d'égyptologie Enim* 7, 2014, p. 145-172; *https://enim-egyptology.fr/revue/2014/7/Mougenot_p145-172.swf.pdf*

90. LONGUS, *Daphnis et Chloé*, traduction de Raphaël Collin, éditions Jules Taillandier, Paris, 1890.

91. Françoise FRONTISI-DUCROUX, « Idéaux féminins : le cas de la Grèce ancienne », in *Topique* n° 82, 2003, p. 111-119.

androcentrée[92] et fondée sur deux critères, la liberté et la citoyenneté. Il existe donc des citoyens et des non-citoyens — femmes, étrangers, jeunes, dépendants, esclaves — Pour Françoise Frontisi-Ducroux[93], « L'idéologie collective de la Grèce antique est masculine et même machiste, avec de légères différences selon les cités et les périodes[94]. » La cité, cette nouvelle forme politique (*polis*) apparue après les âges obscurs, n'existe en effet que par ses citoyens qui en contrôlent les institutions, en assurent la défense et participent collectivement à sa vie sociale, religieuse et politique. La création de colonies grecques permet la diffusion de ce modèle en Grèce continentale, dans les îles de l'Égée, en Asie Mineure (Ionie), puis dans l'ensemble du Bassin méditerranéen et sur les pourtours de la mer Noire. Initialement dirigées par la classe des aristocrates, qui concentre tous les pouvoirs et toutes les sources de richesse, dont la vigne, les cités grecques connaissent une transformation majeure avec la naissance de la démocratie au Ve siècle av. J.-C.; sa diffusion rapide en fait le modèle dominant à la fin du IVe siècle av. J.-C.[95]. Le citoyen grec y a toute sa place : lui seul participe à la vie politique, sociale, économique, et possède des terres. La femme ne bénéficie pas de ce statut. En matière de patrimoine, les biens dont elle hérite sont transférés à ses enfants ; si elle est nullipare et/ou, veuve, elle est contrainte d'épouser un oncle, un cousin, voire l'un de leurs fils[96] afin d'éviter toute dispersion de ce patrimoine familial. Il lui est donc impossible de posséder et de gérer un domaine viticole.

---

92. *Ibid.*

93. Helléniste et mythologue française, née en 1937.

94. *Ibid.*

95. Naissance de la démocratie à la suite des réformes de Solon et de Clisthène, menées dès 594 av. J.-C.

96. Claude VIAL, « L'épiclérat, facteur de régulation sociale ? » *in* Michel MOLIN (dir.), *Les Régulations sociales dans l'Antiquité*, Presses universitaires de Rennes, 2006, p. 189-194 ; *http://books.openedition.org/pur/20349*

La limitation des rôles et des déplacements de la femme constitue un second argument. Ses fonctions sont de procréer et de tenir son foyer, et son aire de déplacement est limitée à sa demeure. Le citoyen athénien, lui, est tourné vers l'espace public : sa participation à la politique, aux activités commerciales et à la guerre en sont la manifestation.

Pour Jean-Pierre Vernant[97], « L'espace domestique, qui est un espace fermé, pourvu d'un toit (protégé), est, pour le Grec, à connotation féminine. L'espace du dehors, du grand air, est à connotation masculine. La femme est dans son domaine à la maison. C'est là qu'est sa place ; en principe, elle ne doit pas en sortir. L'homme représente, au contraire, dans l'*oikos*, l'élément centrifuge ; c'est à lui de quitter l'enclos rassurant du foyer pour affronter les fatigues, les dangers, les imprévus de l'extérieur, à lui d'établir les contacts avec le dehors, d'entrer en contact avec l'étranger. Qu'il s'agisse du travail, de la guerre, du négoce, des relations d'amitié, de la vie publique, qu'il soit aux champs, à l'agora, sur la mer ou par route, les activités de l'homme sont orientées vers l'extérieur[98]. »

Les traités sur l'agriculture et la viticulture sont d'ailleurs rédigés par des hommes et ne s'adressent pas aux femmes. Ces dernières ne manquent cependant pas d'être raillées pour leur goût du vin dans les comédies d'Aristophane ou dans *Les Deipnosophistes* d'Athénée… La consommation de vin par les Grecques de l'Antiquité est d'ailleurs sujet à controverse : interdite ou pas ? Il a ainsi été parfois écrit qu'elles n'avaient pas le droit de boire du vin sous peine de mort. Or les textes de loi de cette période ne mentionnent aucune interdiction

---

97. Historien et anthropologue français, spécialiste de la Grèce antique, directeur d'études à l'École pratique des hautes études et professeur au Collège de France (1914-2007).

98. Jean-Pierre VERNANT, « L'organisation de l'espace » in *Mythe et Pensée chez les Grecs. Études de psychologie historique,* éditions La Découverte Poche, Paris, 1996, p. 153-260.

formelle, excepté pour les cités de Milet[99] en Ionie et de Phocéa[100] (l'actuelle Marseille). L'examen des objets trouvés dans les nécropoles des périodes archaïque et classique confirme la présence de différents accessoires utilisés pour le service du vin, à la fois dans les tombes des hommes et dans celles des femmes. Cette conclusion ne fait d'ailleurs aucun doute pour l'archéologue français Pierre Courbin[101] : « Si l'on ne retient que les tombes dont les squelettes ont été anthropologiquement déterminés, on constate qu'en général les mêmes vases se retrouvent dans les tombes d'hommes ou de femmes[102]. »

Le dernier indice en faveur de la consommation de vin par les Grecques de l'Antiquité est sa prescription, très utile pour la médecine[103], dans de nombreuses affections. *Maladies de femmes,* l'un des traités gynécologiques du corpus hippocratique, décrit les réactions des femmes enceintes face au vin, réactions qui permettent de conclure qu'elles ont l'habitude d'en boire[104].

99. ÉLIEN, *Histoire variée,* II, 38.

100. ATHÉNÉE, *Les Deipnosophistes,* X, 429 a-b.

101. Auteur de *Tombes géométriques d'Argos,* ouvrage consacré aux recherches archéologiques menées sur la nécropole d'Argos, datant de l'époque géométrique (1100-750 av. J.-C.).

102. Laurence VILLARD, « Le vin et les femmes : un texte méconnu de la collection hippocratique », in *Revue des études grecques,* tome 110, juillet-décembre 1997, p. 370-371 ; *https://doi.org/10.3406/reg.1997.2730*

103. MNÉSITHÉE, médecin grec du IVe siècle av. J.-C, cité par ATHÉNÉE dans *Les Deipnosophistes,* livre second, 36 (a), éditions Lamy, Saint-Ouen ; *http://remacle.org/bloodwolf/erudits/athenee/livre2.htm*

104. Laurence VILLARD, *op. cit.,* p. 362-380.

Les Grecques de l'Antiquité : vignoble ou gynécée ? Contre-enquête…

Et comme la coutume est en telle fête de Bacchus à la naissance du vin, on avait appelé des champs d'alentour bon nombre de femmes pour aider[105].

Pour Walter Scheidel[106], une division claire du travail entre les hommes et les femmes est généralement tenue pour acquise chez les auteurs grecs. Dès les épopées homériques, le travail est réparti selon le sexe. Alors que l'agriculture et la viticulture sont considérées comme le domaine de l'homme, les activités des femmes seraient pour l'essentiel confinées à l'espace domestique, avec une emphase particulière sur la production de textiles. À l'époque classique, la norme de la femme demeurant au foyer est le plus souvent représentée comme un idéal. Selon Aristote, « dans la répartition des travaux, la femme a reçu en partage ceux qui conviennent à sa nature sédentaire et incapable de vaquer aux occupations extérieures ; tandis que l'homme, moins fait pour la tranquillité et le repos, corrobore sa santé par le mouvement même qu'il se donne[107] ». Aristote justifie ainsi la division spatiale évoquée dans le chapitre précédent et les domaines de travail respectifs de l'homme et de la femme.

La réalité de la vie quotidienne et les faits contreviennent souvent aux idéaux et aux préférences culturelles. L'Antiquité classique n'échappe pas à cet état. Afin de rendre justice aux

105. LONGUS, *Daphnis et Chloé, Op. cit.*

106. Historien des civilisations antiques européennes, professeur d'études classiques et d'histoire à l'université Stanford.

107. ARISTOTE, *La Politique. L'Économique. Lettre à Alexandre sur le monde*, Livre I, Chapitre III, 1344a, traduction nouvelle de M. HOEFER, Lefèvre éditeur, 1843 ; *https://remacle.org/bloodwolf/philosophes/Aristote/economique1.htm*

conditions de vie réelles de la majorité des femmes de cette période, il est nécessaire d'examiner plusieurs critères. Le premier est la situation économique des Grecques : il est admis que seule une minorité de femmes de cette période bénéficiait d'une certaine aisance pour lui permettre de ne s'occuper que de son foyer. Il est important de considérer les conditions de base qui régissaient la vie des peuples de l'Antiquité : l'ensemble de ces populations vivait au niveau, ou près du niveau, de subsistance ; elle était employée dans l'agriculture. En raison d'une faible productivité générale et du degré élevé d'autosuffisance pour les denrées de base – céréales, olives, vin – comparable dans toute la Méditerranée, l'agriculture occupait certainement toutes les personnes, hommes et femmes, dans des proportions différentes [108]. Nous pouvons ainsi supposer qu'une majorité absolue des femmes du monde gréco-romain appartenait à des ménages vivant de l'agriculture et comptant sur le travail de tous ses membres. Quand ce n'était pas le cas, certaines, issues de ménages paysans, étaient embauchées en période de forte demande de main-d'œuvre supplémentaire, en particulier lors de la récolte de cultures de rente telles que la viticulture. Cette hypothèse ne met pas en cause l'opinion selon laquelle le travail des femmes occupait une place prépondérante dans l'espace domestique, « c'est-à-dire à l'intérieur de la maison [109] ». Elle nuance néanmoins l'affirmation selon laquelle les Grecques de l'Antiquité n'avaient aucune activité viticole.

108. Walter SCHEIDEL, « The most silent women of Greece and Rome : rural labour and women's life in the Ancient World (II) » in *Greece & Rome,* vol. 43, n° 1, avril 1996, p. 1-10.

109. *Ibid.*

Rome

Ceux qui ont écrit sur la vie et la culture du peuple romain disent que les femmes à Rome et dans le Latium « vivaient sobrement », c'est-à-dire qu'elles s'abstenaient toujours de boire du vin, appelé temetum *dans la langue ancienne ; il était une pratique établie qui consistait à donner un baiser à leurs parents dans le but de découvrir si elles avaient bu, car l'odeur était une indication*[110].

Au cours du VIIe siècle av. J.-C., l'installation de colons grecs dans le sud de l'Italie et en Sicile, ainsi que l'établissement de commerçants phéniciens, permettent aux villages italiens de se transformer en villes. Les Latins et les Étrusques reprennent un certain nombre d'us et coutumes grecs, en particulier le régime agricole, dominé par la « triade méditerranéenne » : céréales, vin, huile d'olive. Ils adoptent également les produits de luxe importés de Grèce ou fabriqués par des artisans grecs installés en Italie. Parmi ces importations, les récipients pour le rangement, le mélange, le service et la consommation du vin sont nombreux, confirmant l'intérêt des Romains pour ce breuvage[111]. L'étude d'Annette Rathje[112] sur le banquet en Italie montre que les agapes homériques demeurent l'un des éléments importants des coutumes helléniques transmises aux élites du Latium

110. AULUS GELLIUS (Aulu-Gelle, auteur et grammairien romain, IIe siècle de notre ère), *Noctes Atticae* 10.23.1., traduit de la Loeb Classical Library.

111. Brigette FORD RUSSELL, « Wine, women, and the Polis : gender and the formation of the city-state in archaic Rome » in *Greece & Rome*, vol. 50, n°1, avril 2003, p. 77-84 ; *https://www.jstor.org/stable/3567821*

112. Archéologue, professeur d'archéologie antique à l'institut Saxo de l'université de Copenhague.

et d'Étrurie[113]. Les découvertes archéologiques montrent que vigne et vin sont courants chez les Étrusques et les Romains dès l'époque archaïque[114]. Leur introduction à Rome aurait d'ailleurs été le fait d'un des rois légendaires de cette période, Numa Pompilius. Ce dernier, à l'origine de la codification de la religion romaine, aurait régné entre 715 et 672 av. J.-C. et aurait imposé un certain nombre de pratiques religieuses autour de la vigne et du vin.

Formés à l'école de la *Magna Græcia*[115], les Romains modèlent leur conception du vin sur celle des Grecs : il y fait toujours office de remède et demeure un signe de prestige. Il est un élément fondamental de l'alimentation, comme le rapporte Horace dans ses *Satires* : « [...] du pain, du vin, des légumes, toutes les choses indispensables[116] ».

Le passage à une production viticole romaine importante s'opère au Ve siècle av. J.-C. ; les Romains deviennent à leur tour les promoteurs d'une deuxième expansion viticole, la première ayant été le fait des Grecs. L'histoire de la viticulture italienne antique a été ainsi résumée par Raymond Billiard[117] : à l'issue d'une phase initiale de formation du vignoble italien caractérisée par la rareté de ses vins et la suprématie des vins grecs, la viticulture italienne connaît un essor remarquable en 146 av. J.-C., dès la réduction de la Grèce en simple province. Cet essor s'arrête brutalement en raison des guerres civiles qui se développent dans le dernier siècle de la République

---

113. Annette RATHJE, « The adoption of the Homeric banquet in central Italy in the Orientalizing Period », *in* Oswyn MURRAY (éd.), *Sympotica : A Symposium on the Symposion*, 1990, p. 282-283.

114. 753-509 av. J.-C. (monarchie romaine, rois sabins, romains, étrusques).

115. Nom donné par les Grecs de l'Antiquité aux côtes méridionale de la péninsule italienne : Campanie, Calabre, Basilicate, Pouilles, Sicile.

116. Livre premier, satire I, traduite par Jules JANIN (1860).

117. Historien de la vigne dans l'Antiquité, membre de l'Académie des sciences, belles-lettres et arts de Lyon, (1869-1956).

romaine[118]; dès 37 av. J.-C., la viticulture italienne connaît une récession importante, Rome étant alors contrainte d'importer. L'arrêt de ces guerres civiles marque une formidable reprise de la production orientée vers les marchés lointains. « Rome reprend ainsi le modèle de l'agriculture "capitaliste" hellénistique, qui se concentrait sur la production d'huile et de vin[119]. »

Du point de vue religieux, vigne et vin demeurent les dons d'un dieu plutôt que d'une déesse : Dionysos devient Bacchus. Les Romains considèrent les femmes comme des mineures. Selon le *Mos Maiorum* — autrement dit les coutumes ancestrales et leurs règles, code non écrit datant du Ve siècle av. J.-C. et dont les anciens Romains tirent leur identité sociale —, toutes les femmes, à l'exception des vestales[120], doivent être placées sous tutelle. Cette mise sous tutelle les exclut de tout acte politique tel que le droit de vote et les exempte des devoirs du citoyen. Tite-Live[121] rapporte d'ailleurs que Caton[122] aurait rappelé, lors d'un discours au sénat vers 195 av. J.-C., que les femmes ne pouvaient mener aucune affaire *sans l'autorité d'un tuteur*[123]. Les patriciennes sont ainsi exclues de toute gestion, *a fortiori* de la tenue d'un domaine viticole. Elles n'ont d'ailleurs aucune responsabilité dans l'administration familiale du vin.

---

118. La République romaine connaît plusieurs guerres civiles entre 88 et 30 av. J.-C.

119. André. TCHERNIA, *Le Vin de l'Italie romaine. Essai d'histoire économique d'après les amphores.* Bibliothèque des Écoles françaises d'Athènes et de Rome, 1986, p. 4 ; *https://doi.org/10.3406/befar.1986.1221*

120. Prêtresse de Vesta, choisie dès l'enfance dans une famille patricienne pour entretenir le feu sacré de la chasteté.

121. Historien de la Rome antique (59 ou 64 av. J.-C.-17 de notre ère).

122. Homme politique, écrivain romain (234-149 av. J.-C.) ; censeur et auteur du traité d'agriculture *De Agricultura.*

123. TITE-LIVE, *Histoire romaine,* XXXIV, 2-7 ; VALÈRE MAXIME, *Faits et Dits mémorables,* IX, 1, 3 ; ASTIN 1978, p. 25-27 et p. 173-174.

Si les matrones[124] détiennent traditionnellement les clés du foyer, elles ne possèdent pas celles de la cave ! À ce sujet, Pline l'Ancien[125] rapporte qu'« une dame ayant délié la bourse dans laquelle étaient les clefs du cellier, ses parents la firent mourir de faim[126] ».

Autre élément d'aliénation pour les Romaines, la consommation de vin leur est interdite sous peine de mort. Le groupe familial, constitué autour du *pater familias,* octroie à ce dernier un certain nombre de pouvoirs, dont celui de sanctionner les membres de sa famille, voire de les condamner à mort[127]. Ce pouvoir de vie ou de mort sur les épouses romaines est conditionné par la reconnaissance d'une faute clairement identifiée ; ces fautes sont au nombre de deux : adultère et consommation de vin.

Les sources anciennes divergent sur la paternité de cette interdiction absolue. Selon Plutarque, Numa Pompilius aurait été à l'origine de l'interdiction de boire du vin faite aux matrones, autrement dit aux épouses et mères de famille dont les qualités aux yeux des Romains étaient vertu, chasteté et obéissance, incompatibles, selon eux, avec la consommation de vin. Pour Denys d'Halicarnasse[128], il s'agirait plutôt d'une « loi de Romulus[129] » sur le mariage : « d'autres délits cependant étaient jugés par les membres de la famille en

124. Épouse d'un citoyen romain, mère de famille dans la Rome antique.

125. Naturaliste, écrivain latin (23-79) ; auteur d'*Histoire naturelle,* compilation de 37 livres dédiés à Titus.

126. PLINE citant Fabius Pictor et ses *Annales* dans *Histoire naturelle,* livre XIV (2, XIII), Émile LITTRÉ, Dubochet éditeur, Paris, 1848-1850 ; *https://remacle.org/bloodwolf/erudits/plineancien/livre14.htm*

127. Julie MEYER, « Dans le secret de la juridiction domestique. Le châtiment des femmes dans la Rome antique », *Droit et Cultures,* 83, 2022/1, *http://journals.openedition.org/droitcultures/7775*

128. Précepteur, historien grec de Rome, auteur des *Antiquités romaines* (vers 60-8 av. J.-C.).

129. L'un des deux fondateurs légendaires de Rome en 753 av. J.-C.

même temps que par le mari; parmi ceux-ci, il y avait l'adultère, ou si l'on trouvait la femme ayant bu du vin — chose que les Grecs considèrent comme un défaut mineur. Romulus autorisa de punir ces deux actes par la peine de mort, jugeant que c'étaient les délits les plus graves que des femmes pussent commettre, puisqu'il considérait l'adultère comme cause de démence et l'ivresse comme cause d'adultère[130]. » Pour les Romains, le vin est source de pouvoir; pour les Romaines, il est source d'adultère[131]. Cette différence de traitement entre homme et femme distingue la Rome des origines de la Grèce antique[132] où la consommation de vin par les femmes mariées était, bien plus qu'un crime véniel, une source d'inspiration pour les auteurs comiques...

Le contrôle de cette interdiction se fait par le baiser: l'odeur du vin consommé par les femmes peut être ainsi détectée. Athénée rapporte « qu'il est impossible qu'une femme romaine boive du vin sans qu'on s'en aperçoive. D'abord elle n'a jamais le vin sous sa direction; ensuite, elle doit baiser sur la bouche, tous les jours, ses parents, ceux de son mari et même jusqu'aux cousins la première fois qu'elle les voit dans la journée. Il ne lui reste donc d'autre parti à prendre que de s'en abstenir, ne sachant si elle ne rencontrera pas quelqu'un d'entre eux[133]. » D'autres auteurs anciens, Polybe dans ses *Histoires* (VI, fragment 11a4) et Pline dans son *Histoire naturelle* (Livre XIV, 89), rapportent aussi cette coutume.

---

130. DENYS D'HALICARNASSE, *Antiquités romaines,* 2, 25, paragr. 6; *https://remacle.org/bloodwolf/historiens/denys/livre2-3.htm*

131. Pierre NOAILLES, *Fas et Jus. Études de droit romain,* Les Belles Lettres, Paris, 1948, p. 7.

132. DENYS D'HALICARNASSE, *op. cit.*, 2, 25; *https://remacle.org/bloodwolf/historiens/denys/livre2-3.htm*

133. ATHÉNÉE, *Les Deipnosophistes*, *op. cit.*, Livre X, (441).

La contagion de Bacchus à Vénus [134]

Si autrefois l'usage du vin était inconnu des femmes, c'était sans doute pour leur éviter de tomber dans des comportements honteux, car il n'y a d'ordinaire qu'un pas de l'intempérance de Liber Pater aux égarements de Vénus [135].

Pour les anciens Romains, la règle d'interdiction du vin aux femmes est justifiée par la nécessité de les maintenir sous contrôle, la consommation de vin étant associée aux risques d'adultère et de grossesse hors liens du mariage. L'entrée d'un élément extérieur à la famille menacerait l'intégrité de cette dernière, cellule de base de la société, « et représente un risque pour la communauté civique toute entière [136] ».

Le vin dont il est fait interdiction aux femmes est le *temetum*, terme qui aurait désigné à l'origine une boisson alcoolisée à base de sorbes fermentées, ensuite le vin pur. Sous l'influence grecque des VIIe et VIe siècles av. J.-C., l'utilisation de ce mot cesse ; il est alors remplacé par *vinum* [137].

134. Jean-Marie PAILLER, « Quand la femme sentait le vin. Variations sur une image antique et moderne », *Pallas,* 53, 2000, p. 81.

135. VALÈRE MAXIME, *op. cit.,* 2, 1, 5, trad. Jean-Marie PAILLER, 2000.

136. Julie MEYER, « Dans le secret de la juridiction domestique. Le châtiment des femmes dans la Rome antique », *Droit et Cultures, op. cit.*

137. Paulina KOMAR, « Wine taboo regarding women in archaic Rome, origins of Italian viticulture, and the taste of ancient wines », *Greece & Rome,* 68 (2), Cambridge University Press, 2021, p. 239-254.

Bona Dea : l'exception qui confirme la règle ?

Puissé-je mourir de ton vivant, mon enfant,
après avoir bu du vin libre[138] *!*

Bona Dea (la Bonne Déesse) est une divinité romaine de la Fécondité. Identifiée à d'autres déesses qui remplissent des fonctions similaires, elle est honorée dans son temple de l'Aventin[139] le 1er mai. Seules les femmes ont le droit de le fréquenter. Une deuxième célébration en l'honneur de Bona Dea se déroule au début du mois de décembre dans la *Domus publica,* demeure du *Pontifex maximus*[140]. La cérémonie est dirigée par l'épouse du pontife et dix-huit vestales. Elle est interdite aux hommes.
Les femmes peuvent y boire le *temetum*, habituellement destiné aux libations à Jupiter et seule exception faite à l'interdit officiel.
Ces célébrations sont une inversion de l'ordre établi : les matrones échappent à leur mise sous tutelle et retrouvent leur autonomie. La consommation de vin devient le symbole d'une liberté retrouvée, même si elle demeure entourée de sous-entendus : toute référence au vin est évitée ; ce dernier est appelé « lait » ; les amphores dans lesquelles il est transporté deviennent des « pots de miel »...
Selon la mythologie, Bona Dea, épouse du dieu Faunus, aurait été battue à mort avec une baguette de myrte par ce dernier pour avoir consommé du vin jusqu'à l'ivresse. Dans ses *Questions romaines*[141], Plutarque s'interroge sur ce mythe et sur les célébrations en l'honneur de la Bonne Déesse : « Pourquoi les dames

138. ATHÉNÉE, *Les Deipnosophistes,* livre X (440e) (Xénarque).

139. L'une des sept collines de Rome.

140. Président du collège des pontifes, responsables des cultes de l'État romain.

141. PLUTARQUE, *Œuvres morales. Questions romaines,* 20, Lefèvre, Paris, 1844 ; *https://remacle.org/bloddwolf/historiens/Plutarque/questionsromainesgr.htm*

romaines, qui parent avec grand soin de toutes sortes de plantes et de fleurs les chapelles domestiques de la Bonne Déesse, n'y portent-elles jamais de myrte ? Faut-il croire la fable qu'on raconte, qu'un haruspice nommé Faunus, ayant découvert que sa femme avait bu du vin en cachette, la châtia avec des verges de myrte ? Depuis, les femmes ne portent point de myrte dans les chapelles de cette déesse, et donnent le nom de lait au vin qu'elles lui offrent. Cet usage viendrait-il de ce qu'en célébrant ces mystères, elles se conservent pures et s'interdisent tout commerce avec les hommes ? Pendant le sacrifice, elles font sortir de la maison non seulement leurs maris, mais en général tous les hommes ; elles ont aussi le myrte en horreur, parce qu'il est consacré à Vénus. »

Passum, lorea, murrina : contre-enquête !

L'histoire du vin, n'est-ce pas l'histoire du monde[142] *?*

Cette contre-enquête vise à nuancer les interdictions faites aux Romaines à la fois sur la gestion d'un vignoble et sur la consommation de vin. Pour ce qui est de la tenue des affaires et la direction d'un vignoble, en théorie interdites sans la présence d'un tuteur, la réalité est un peu plus complexe. Gaius, juriste et professeur de droit du IIe siècle de notre ère, l'évoque en ces termes : « …Mais pourquoi les femmes majeures devraient-elles rester

142. Citation attribuée au fabuliste Babrius (IIe siècle) ; Jõao DOMINGUES, « Voyages aux confins du monde avec le vin », *Carnets,* deuxième série – 21/2021 ; *https://journals.openedition.org/carnets/12970*

sous tutelle ? Il ne semble y avoir aucune raison valable ; car l'allégation qu'en raison de la légèreté de leur disposition, elles sont facilement trompées et qu'il est donc juste qu'elles soient sous tutelle, semble plus spécieuse que vraie ; car les femmes majeures administrent leurs affaires, et pour certaines transactions, la ratification de leur tuteur n'est en réalité qu'une simple formalité exigée par le préteur (*prætor*[143]) ; dans ce cas précis, le tuteur est fréquemment tenu contre son gré d'accorder son autorisation[144]. » Sur l'interdiction de consommer du vin, une première objection, fondée sur l'étude des sources écrites, peut être formulée : certains auteurs anciens, plus particulièrement Cicéron et Valère Maxime[145], précisent que cette interdiction stricte est pour le seul *temetum*. Les Romaines ont toutefois le droit de consommer des *dulcia* (boissons à base de vin), du *passum*, « liqueur faite de raisins presque secs, et semblable pour le goût au vin doux d'Égosthène[146] et à la malvoisie[147]. » Dans le livre X des *Deipnosophistes* (440f), Athénée précise encore que « c'est donc avec ce vin qu'elles étanchent la soif lorsqu'elle les presse[148] ». Dans son article « Quand la femme sentait le vin[149] », Jean-Marie Pailler cite Aulu-Gelle qui confirme ainsi qu'elles « [les

143. Magistrat qui rend la justice ou qui gouverne une province.

144. GAIUS, *Institutiones or Institutes of Roman Law,* Book 1, paragraph 190, Francis DE ZULUETA, ed. & trans., 1946, p. 14 ; *http://www.law.harvard.edu/faculty/cdonahue/courses/ReadingGrp/GaiusInst1_3.pdf*

145. Historien et moraliste romain (Ier siècle de notre ère).

146. Ancienne cité grecque fortifiée d'Attique.

147. Ville fortifiée de Grèce situé dans le sud du Péloponnèse, et nom d'un cépage utilisé pour l'élaboration de vins doux.

148. *Ibid.*

149. Jean-Marie PAILLER, « Quand la femme sentait le vin. Variations sur une image antique et moderne », in *Pallas*, n° 53, 2000, p. 73-100 ; *https://www.jstor.org/stable/43605878*

femmes] avaient coutume de boire de la *lorea*[150], du *passum*, de la *murrina*[151], et d'autres boissons douces du même genre ». Vins doux, ces boissons n'en demeurent pas moins alcoolisées…

La deuxième objection à la pratique de cet interdit est l'utilisation du vin, pur ou mêlé, en tant que remède. Toutes les civilisations viticoles antiques ont développé l'usage médicinal du vin, « principal médicament de l'Antiquité[152] », la Grèce hippocratique étant sans doute allée le plus loin dans la codification des pratiques médicinales à base de vin, prescrit en gynécologie[153]. La médecine romaine s'inscrit dans cette tradition[154]. Pline l'Ancien affirme que « le vin entretient les forces, le sang, le teint. […] . Au dire d'Asclépiade, peu s'en faut que les vertus de cette liqueur ne l'emportent sur le pouvoir des dieux[155]. »

L'interdiction faite aux Romaines de consommer du vin tombe en désuétude au IIe siècle av. J.-C.[156] : la dernière date connue d'une condamnation pour ce motif[157] est 182 av. J.-C.; elle se solde par un divorce avec perte de dot.

150. Boisson obtenue par la fermentation de marc de raisin fraîchement pressé mélangé à de l'eau.

151. Vin aromatisé à la myrrhe et à d'autres épices.

152. André TCHERNIA, *Le Vin de l'Italie romaine. Essai d'histoire économique d'après les amphores, op. cit.*, p. 17.

153. HIPPOCRATE, *Des maladies des femmes*, livres I et II ; *https://remacle.org/bloodwolf/erudits/Hippocrate/femmes.htm*

154. Marc LAGRANGE, *Le Vin et la Médecine. À l'usage des bons vivants et des médecins*, éditions Féret, 2012.

155. PLINE L'ANCIEN, *Histoire naturelle*, tome second, livre XXIII (XXII, 1, 2), Émile LITTRÉ, Dubochet éditeur, Paris, 1850 ; *https://remacle.org/bloodwolf/erudits/plineancien/livre23.htm*

L'évangélisation de l'espace méditerranéen marque la fin de l'Antiquité et le début de la période médiévale, où, de religion minoritaire et interdite, le christianisme devient officiel et dominant. Par l'édit de Thessalonique, promulgué en 380 — plus de soixante ans après la conversion de l'empereur Constantin au christianisme —, Théodose Ier, liquidateur du paganisme, en fait la religion de l'Empire romain.

La *pax romana* permet la diffusion de la viticulture à l'intérieur du continent européen. Malgré l'effondrement de l'Empire romain d'Occident et le chaos général qui s'ensuit, les activités viticoles se poursuivent : l'Église chrétienne, seule institution stable de cette période tourmentée, en devient la garante, le vin étant un des éléments de la spiritualité chrétienne et de son culte. Pour l'historien Jean-Baptiste Noé, « la romanité n'a pas disparu avec la supposée chute de l'Empire. Ayant trouvé refuge dans l'Église, c'est par elle qu'elle va pouvoir poursuivre sa route et poursuivre la route du vin[158]. » L'Empire byzantin, dont la chute aux mains des troupes ottomanes n'interviendra que quelques siècles plus tard, en 1453, a déjà confié les rênes de la viticulture au monde ecclésiastique, opérateur puissant de l'industrie viticole.

156. Marie-Adeline LE GUENNEC, « Les femmes et le vin dans la Rome antique. Bilan documentaire et historiographique », 2 janvier 2017, *Lectures de l'Hospitalité; https://hospitam.hypotheses.org/621#footnote_0_621*

157. Pierre VILLARD, « Ivresses dans l'Antiquité classique » in *Histoire, Économie et Société. Toxicomanies: alcool, tabac, drogue,* n° 4, 7e année, 1988, p. 443-459; *https://doi.org/10.3406/hes.1988.2389*

158. Jean-Baptiste NOÉ, *Histoire du vin et de l'Église,* Les Éditions du Net, 2013, p. 88.

CHAPITRE III

L'invisibilisation des femmes. Exceptions ?

Quant à la terre, qu'aucune portion n'en échoie aux femmes, mais qu'elle aille toute au sexe masculin[159].

Les religions du Livre et du Dieu unique, inexorablement masculin, participent à l'inégalité entre les sexes et au statut d'infériorité des femmes : « La marque d'une culture patriarcale est réelle dans le judaïsme, le christianisme et l'islam [...]. La distinction et la hiérarchie entre les sexes sont bien présentes dans ces traditions religieuses qui traversent le temps depuis plus de vingt siècles. Ce message a été transmis à partir de grands textes fondateurs, la Bible et le Coran qui ont fait l'objet de multiples interprétations et nourri l'imaginaire des sociétés[160]. » L'interprétation des textes fondateurs exsude une méfiance envers les femmes ; le monopole masculin du pouvoir religieux et de l'accès au sacré en est une manifestation. Les premiers siècles du christianisme voient la mise en place de préceptes d'inspiration stoïcienne — dont le célibat — qui vont longtemps nourrir

159. Article 59 (*De alodis*) de la loi salique ; *https://www.elianeviennot.fr/FFP-loi-salique.html*

160. Mathilde DUBESSET, « Femmes et religions, entre soumission et espace pour s'exprimer et agir. Un regard d'historienne », *Nuevo Mundo Mundos Nuevos*, colloques, mis en ligne le 5 juin 2008 ; *http://journals.openedition.org/nuevomundo/34383*

le ressentiment du clergé envers les femmes, coupables par nature d'alimenter toutes les tentations. La puissance de ce clergé dans les entourages royaux et « sa prétention à gérer les affaires de l'État selon son idéal, entre hommes et entre experts[161] » excluent la majorité des femmes de la politique et de l'économie.

Europe médiévale : les moniales, premières vigneronnes ?

Boire à la Capucine,
C'est boire pauvrement ;
Boire à la Célestine,
C'est boire largement ;
Boire à la Jacobine,
C'est chopine à chopine ;
Mais boire en Cordelier,
C'est vider le Cellier[162].

Dans ce contexte médiéval chrétien, la viticulture demeure une activité essentielle : le vin est au cœur de la liturgie et de l'eucharistie. Il est servi quotidiennement dans les monastères en observance de la règle monastique, ainsi qu'aux hôtes de passage en réponse à l'obligation d'hospitalité. Il reste indispensable à la vie de la communauté[163]. Pris en gargarisme, en fumigation, appliqué, instillé, dilué, utilisé en cas de saignées, dans les suites d'un accouchement, lors d'une convalescence, le vin est prescrit par les médecins médiévaux dans la digne

161. Éliane VIENNOT, *La France, les Femmes et le Pouvoir. Une recherche en histoire politique* ; *https://www.elianeviennot.fr/FFP-loi-salique.html*

162. *Les Menuets chantants sur tous les tons, recueillis par Jean Baptiste Christophe BALLARD, imprimeur du Roy*, tome 2, 1725.

163. Marc PAITIER, *Les Vignerons du Ciel. Les Moines et le Vin*, Mareuil Éditions, 2021, p. 50-51.

continuité d'Hippocrate, de Dioscoride, de Celse ou de Galien, médecins de l'Antiquité. Dans son *Liber de vinis*[164], Arnaud de Villeneuve, médecin chirurgien ayant exercé à Montpellier vers 1320-1330, établit une série de sept à cinquante recettes de vins médicinaux, selon les copies du manuscrit. Il en salue les vertus, le décrivant comme « un bienfait pour le corps mais aussi pour l'âme[165] ».

Les activités viticoles deviennent le privilège des monastères, qui assurent ainsi la survie et la valorisation des vignobles. La Bourgogne en demeure l'illustration parfaite avec, entre autres, la cession du vignoble de Meursault par le duc de Bourgogne aux moines cisterciens qui en rachètent, échangent et louent d'autres, aujourd'hui renommés : Clos de Vougeot, Corton, Pommard... Érigés sur toutes les terres de l'ancien Empire romain d'Occident ainsi qu'à Byzance, les monastères améliorent les techniques antiques et développent la viticulture dans toute l'Europe médiévale, y compris sur des terres peu propices à son épanouissement : « pour les monastères normands, flamands et britanniques, entretenir un vignoble à côté des bâtiments conventuels, fût-ce en se résignant à ne voir mûrir le raisin qu'une année sur cinq, était alors un titre de gloire[166] ». Qu'importe ! Les monastères ne sauraient se passer de la viticulture, car le vin joue un rôle politique de premier plan dans l'accueil des personnalités de haut rang : un accueil apprécié, une chère fine et abondante accompagnée des nectars du monastère hôte sont une garantie, pour ce dernier, d'obtenir dons et faveurs des puissants. Marc Paitier nous rappelle ainsi que « le donateur, à condition

---

164. Publié en 1504 ; attribué à plusieurs auteurs : Arnaud de Villeneuve (Pierre Arnaud de Villeneuve, soit Pierarnau) pour certains chapitres, Maître Sylvestre pour d'autres.

165. Arnaud DE VILLENEUVE, *De Vinis,* traduit du latin par Patrick GIFREU, éditions de la Merci, 2011, p. 44-45.

166. Roger DION, *Histoire de la vigne et du vin en France des origines au XIXe siècle,* CNRS Éditions, Paris, 2010, p. 184.

qu'il convertisse ses mœurs, bénéficie ainsi de l'intercession et de la prière des moines. Les legs de terres et de vignobles sont particulièrement précieux, car ils permettent de satisfaire les besoins du monastère, et le vin qui en est tiré contribue à la réputation de l'établissement[167]. » Sous la férule des évêchés et des monastères, la viticulture prospère ; les vignobles gagnent de nouveaux espaces.

Les femmes qui accèdent à ces activités sont naturellement les moniales. Les monastères de femmes, souvent autarciques, gèrent l'ensemble des travaux : elles entretiennent, taillent et vendangent les vignes ; si elles ne vinifient pas — activité confiée à des maîtres de chai —, elles s'occupent de la commercialisation de leurs vins. Les hospitalières de Beaune ou encore les moniales de Fontevraud en sont les exemples. Les moniales bénédictines, dont la règle est *ora et labora*[168], réconcilient ainsi le travail noble, fait de philosophie et de méditation, et le travail manuel[169]. Pour Éliane Viennot, historienne féministe, « la fondation et l'animation des monastères, grandes propriétés à la fonction économique, culturelle et politique considérable, sont de loin des emplois féminins préférés des autorités ecclésiastiques pour marquer la progression de l'église chrétienne[170] ». En se consacrant à leur foi dans un cadre religieux, les moniales échappent à la tutelle familiale et conjugale et peuvent ainsi accéder à des activités — dont la viticulture — alors réservées aux hommes. Le paradoxe est précisément dans leur acceptation des contraintes du cadre strict des monastères pour éviter la misogynie

167. Marc PAITIER, *Les Vignerons du Ciel. Les Moines et le Vin*, *op. cit.*, p. 56-57.

168. « Prie et travaille. »

169. *Ibid.*, p. 54.

170. Éliane VIENNOT, *La France, les Femmes et le Pouvoir. L'Invention de la loi salique (Ve-XVIe siècle)*, Perrin, Paris, 2006. Chapitre III, « Au commencement était l'alliance de l'Église et des femmes ? »

Richarde, moniale d'Andlau, VRP des vins d'Andlau ?

Servante de Jésus-Christ et fille chérie de Dieu[171].

Au début du IXe siècle, l'Alsace est un haut lieu de la viticulture monastique, soutenue et encouragée par l'évêché de Strasbourg. La viticulture sur les coteaux d'Andlau débute vraisemblablement avec l'occupation romaine. Les premières traces écrites faisant état de la qualité de ces terroirs remontent au XIe siècle ; le pape alsacien Léon IX, amateur de ces vins, en remplissait d'ailleurs les caves du Vatican.

Richarde de Souabe, épouse de Charles III le Gros, soutien du pape Jean VIII, fonde l'abbaye des moniales bénédictines d'Andlau en 880 et s'y retire à la fin de sa vie. L'abbaye d'Andlau participe à la création de nouveaux vignobles et au développement des vins fins de cette vallée d'Alsace. Dans *Les Vignerons du ciel,* Marc Paitier l'évoque ainsi : « Au cours des siècles, elle devint un important lieu de pèlerinage [...]. Pour pourvoir aux besoins des nombreux pèlerins, des vignes furent plantées sur les versants ensoleillés du Val d'Eléon. Aujourd'hui, trois parcelles monastiques de ce secteur sont classées en grand cru. L'origine religieuse de deux d'entre elles est inscrite dans leur nom : le Mœnchberg, "mont des Moines", fait allusion aux bénédictins de l'abbaye d'Altdorf, qui avait des vignes sur ce terroir ; le Wiebelsberg, "mont des Femmes", tient son nom des moniales de l'abbaye d'Andlau. En plus d'être un lieu de pèlerinage, Andlau peut se vanter d'être un haut lieu de la tradition bachique alsacienne[172]. »

171. Épithète donnée à la fondatrice de l'abbaye d'Andlau par le pape Jean VIII.

172. Marc PAITIER, *op. cit.*, p. 117.

d'une partie des clercs et des élites. Charybde et Scylla d'une certaine façon ! Véhicule de la sujétion des femmes, le pouvoir religieux permet ainsi à certaines de trouver un terrain d'action et d'expression dans cette vie monastique qui leur ouvre des perspectives que la société d'alors, toujours fondée sur la hiérarchisation des sexes, ne leur offre pas.

Au cours de cette période, l'impossibilité pour les femmes d'accéder à la propriété terrienne est toujours en vigueur. Le Pacte de la loi salique, code des Francs saliens rédigé entre 507 et 511 à la fin du règne de Clovis (481-511), perpétue leur exclusion de la succession en l'absence de descendance vivante [173]. Cette liste, constituée de soixante-cinq titres proposant des tarifs pour régler les litiges entre familles, l'énonce sans détours : « Quant à la terre, qu'aucune portion n'en échoie aux femmes, mais qu'elle aille toute au sexe masculin [174]. » Les peuples « barbares » de l'Europe se dotent de codes semblables.

Correspondant plus à une exigence romaine liée à l'octroi de terres aux chefs de guerre francs en échange du service militaire, cette pratique est cependant combattue, car elle ne correspond pas aux traditions germaniques. Composé par le moine Marculf, le formulaire éponyme, recueil mérovingien d'actes juridiques composé entre la seconde moitié du VIIe siècle et le début du VIIIe, exprime clairement cette injustice faite aux femmes et héritée de Rome : « Il existe chez nous une coutume ancienne mais impie, que les sœurs n'ont pas de part avec leurs frères dans les terres paternelles [175]. »

---

173. Il existe deux lois saliques : un code de droit pénal datant des Francs saliens et une règle successorale forgée au cours du XVe siècle, selon laquelle les femmes ne peuvent, en France, ni hériter ni transmettre la Couronne (Éliane VIENNOT).

174. Traduction française publiée aux éditions J. P. A. Peyré, Paris, imprimerie Firmin-Didot, 1828 ; cité par Éliane VIENNOT dans *La France, les Femmes et le Pouvoir. Une recherche en histoire politique* ; *https://www.elianeviennot.fr/FFP-loi-salique.html*

Les dames de Tart. Le cellier aux dames ?

Le bourguignon Clos de Tart, dont les vins sont parmi les plus célèbres, fut fondé en 1141 par les moniales bernardines de l'abbaye de Tart, dépendance de la première abbaye de femmes de l'ordre de Cîteaux, fondée vers 1124. Le Clos de Tart demeure leur propriété jusqu'à la Révolution française de 1789.

Dans son ouvrage *Au cœur religieux de l'époque moderne,* l'historien Dominique Dinet[176] précise : « L'abbaye de Notre-Dame de Tart est généralement mieux connue pour la période médiévale que pour la période moderne [...]. Son excellente réputation initiale lui valut des recrues distinguées par leur naissance et leur vertu tandis que de grandes dames s'y retiraient pour y finir leurs jours à l'exemple d'Alix de Saxe, sœur de l'empereur Lothaire II et veuve du duc de Lorraine Simon Ier. [...] En temps normal, le domaine foncier assurait plus de 60 pour cent des recettes de la maison, grâce à de belles fermes, surtout comprises entre Tart et Saint-Jean-de-Losne, représentant environ sept cents hectares dont plus de trois cents en bois et près de trois cent cinquante en terres labourables, le reste en prés. L'essentiel était affermé [...]. Ajoutons des vignes à Morey, sur la Côte, acquises par donation aux XIIIe et XIVe siècles, bien travaillées par des vignerons à gages en sorte qu'elles fournissent des vins de grande qualité, parmi les meilleurs et les plus chers de la région[177]. » Un célèbre

---

175. *Ibid.*

176. Historien (né en 1946), spécialiste d'histoire religieuse, professeur d'histoire moderne à l'université de Strasbourg (1999-2009).

177. Dominique DINET, *Au cœur religieux de l'époque moderne : études d'histoire,* Presses universitaires de Strasbourg, 2011, p. 495-510 ; *https://doi.org/10.4000/books.pus.13638*

monopole bourguignon créé dès la fin du Moyen Âge classique par des femmes… Un bourgogne au féminin, comme l'a écrit Michel Dovaz dans son article [178] de *La Revue du vin de France*, ou plutôt la renaissance de ce lien très ancien [179] des femmes avec les métiers de la vigne ?

Le bas Moyen Âge demeure une période de transition : fondé sur les ruines de l'Empire romain, il est divisé entre Byzance, réminiscence du modèle antique, l'Empire arabo-musulman et l'Empire carolingien, synthèse entre Rome et ses racines germaniques. Caractérisée par une grande misère et une paix sans cesse violée par de nouvelles vagues d'envahisseurs, cette période n'est propice ni aux activités viticoles ni à l'émancipation des femmes. Seule l'élite de la société médiévale consomme des vins fins élaborés dans ses propres domaines ou par les monastères. Pour la classe des paysans, avoir quelques pieds de vigne est la garantie de produire un breuvage calorique, qui a en outre le mérite de désinfecter l'eau. Vin de pressurage, plus piquette que nectar, additionné d'eau ou plutôt ajouté à l'eau, alors rougie, il est « la boisson ordinaire des populations, plus particulièrement des femmes, des enfants, des vieillards [180] ». Nécessité faisant loi, les femmes prennent part aux activités viticoles. Les grandes figures féminines de l'Europe médiévale – Mathilde de Toscane, Aliénor d'Aquitaine – qui eurent une influence sur cette activité, demeurent une minorité appartenant aux familles royales ou à la haute noblesse.

Dès le XIe siècle, l'expansion économique que connaissent les pays de la Ligue hanséatique [181] fait naître de nouvelles formes de consommation du vin. Elle est un stimulant pour la viticulture : les surfaces dédiées à la vigne s'accroissent ; le commerce du vin devient une activité économique de premier plan pour les régions viticoles d'Europe. Si l'on considère Bordeaux à la fin du Moyen Âge, « un

Mathilde, Aliénor : femmes de vin, femmes devins, influenceuses d'antan ?

Mathilde di Canossa (1046-1115), l'une des rares femmes puissantes de l'Europe médiévale classique, est une figure politique de premier ordre par son soutien au pape Grégoire VII contre l'empereur germanique Henri IV. Elle est aussi celle à qui nous devons le célèbre lambrusco dont le cépage éponyme, originaire de la vallée du Pô, aurait gagné ses lettres de noblesse grâce à Mathilde. Considéré alors comme sans grand intérêt par les vignerons de la plaine du Pô, il aurait été planté et cultivé dans les monastères auprès desquels Mathilde exerçait une certaine influence.

L'emblématique **Aliénor d'Aquitaine** (1122-1204) demeure l'autre « femme du vin » pour avoir favorisé l'exportation des vins de Bordeaux. Son mariage en 1152 avec Henri Plantagenet, comte d'Anjou et roi d'Angleterre, place près d'un tiers du territoire français, dont Bordeaux, alors port international pour le commerce du vin, sous domination anglaise. Fabuleux débouché, l'Angleterre en devient le marché principal et le *claret* (terme utilisé par les Anglais pour le désigner) l'un des vins favoris de la cour.

178. *https ://www.larvf.com/vin-vigne-bourgogne-clos-de-tart-archives, 4563378.asp*

179. Ségolène Lefèvre, *Les Femmes et l'Amour du vin,* Féret, Bordeaux, 2009/2017.

180. Ségolène Lefèvre, *op. cit.,* p. 102.

181. Fédération de villes des Flandres, de la Baltique, de l'Allemagne du Nord, de Scandinavie et d'Angleterre, destinée à faciliter le commerce.

quart de la population active exerce un métier en relation avec la vigne. Le vigneron est un personnage central dans l'économie du territoire bordelais, où l'on produit le *claret*, un vin rouge léger vendu localement et exporté vers l'Angleterre[182]. Les femmes, peu mentionnées dans les archives, interviennent dans l'entretien de la vigne, notamment pour enlever les limaces[183]. » Cette invisibilisation est liée au fait que la rédaction de manuscrits est majoritairement le fait des clercs ; ceux qui sont écrits par des femmes « ne sont pas répertoriés de manière distincte dans les archives et les bibliothèques[184] ». Elles n'ont d'ailleurs pas accès aux universités — Sorbonne, Oxford, Bologne entre autres — apparues à la fin du XIIe siècle et affranchies progressivement de la tutelle de l'Église.

Les corporations médiévales : inclusives ou pas ?
Corporations d'Alsace, terre de vin

Dans la vigne à Claudine
Les vendangeurs y vont ;
On choisit à la mine
Ceux qui vendangeront.
Aux vendangeurs qui brillent
On y donne le pas ;
Les autres y grappillent
Mais n'y vendangent pas[185].

« Les corporations jouaient un rôle central dans le développement et l'essor commercial des grandes métropoles du Moyen Âge, comme Strasbourg, Cologne ou Lübeck, car elles constituaient le groupe social le plus important de la ville. Les corporations étaient représentées dans tous les domaines de la vie urbaine. La majorité de la population apte à travailler en était membre ; [elles] dominaient le marché du travail[186]. » Pas moins de six corporations et de nombreux métiers y participaient : bateliers, tonneliers, gourmets, crieurs et mesureurs de vin, aubergistes, coltineurs de tonneaux... Les femmes y avaient une place : « Elles étaient représentées dans presque tous les secteurs du commerce et de l'artisanat et avaient les mêmes droits et les mêmes devoirs que les hommes. Comme membres à part entière d'une corporation, elles devaient elles aussi prendre en charge le financement d'une armure et remplir des obligations militaires et de guet — qui étaient assurées par des hommes les représentant. Les corporations qui comptaient le plus de membres étaient celles des viticulteurs et des agriculteurs [187]. »

Présentes dans tous les secteurs du commerce médiéval, moins discriminant à leur égard que lors des siècles précédents, les femmes exerçaient-elles les métiers du vin ? Rien n'est certain : aucun nom de femme ne semble nous être parvenu. Devenues de véritables institutions politiques, les corporations faisaient

182. *https ://www.inrap.fr/dossiers/Archeologie-du-Vin/Histoire-du-vin/Moyen-Age-Culture-et-societe*

183. *Ibid.*

184. Eva SCHLOTHEUBER, « Reconsidérer le rôle des femmes dans l'éducation médiévale », *Women's Practical Literacy and Learning Practices in the Late Middle Ages (1350-1500),* Horizon 2020, Cordis, Commission européenne ; *https://cordis.europa.eu/article/id/447654-rethinking-role-of-women-in-medieval-education/fr*

185. Air de DUFRESNY (Paris, 1648-1724) ; Louis MONTJOIE, *Chansons populaires de France,* De Borée Éditions, 2011.

186. Sabine (VON) HEUSINGER, « Les corporations de Strasbourg au Moyen Age », *Revue d'Alsace* ; *http://journals.openedition.org/alsace/1498* ; DOI : *https://doi.org/10.4000/alsace.1498*

187. Cécile BECKER, « Politiques et puissantes, l'histoire des corporations », entretien avec Kristin ZECH, assistante scientifique à l'université de Darmstadt (Allemagne) pour *Zut Magazine,* 2023 ; *https://www.zut-magazine.com/categorie/dans-la-ville/faire-societe/corporations-artisanat-histoire-strasbourg-alsace/*

nommer un des leurs à la tête des conseils de ville. Il s'agissait toujours d'un homme. Les corporations des marchands de vin et des vignerons faisaient partie de celles qui désignaient le plus souvent un *Ammeistre*. Élitistes, puissantes, les corporations des marchands de vin et des vignerons étaient investies d'un pouvoir colossal rarement partagé avec les femmes, autre illustration de l'équation vigne-vin-richesse-pouvoir.

Le Moyen Âge européen voit une lente amélioration de la condition féminine, en particulier dans la jouissance de la « capacité juridique » [188]. Dès le XIIIe siècle, la femme est propriétaire de ses biens propres ; son époux n'en a que la saisine (l'usage). « En contrepartie de cet usage, la femme mariée participe de droit à tout ce que le ménage peut acquérir. Les femmes peuvent vendre, acheter, conclure des contrats, administrer des domaines, et finalement faire leur testament. [...] Si son mari est absent ou empêché, elle le remplace sans autorisation préalable. En cas de décès de son époux, elle a la jouissance d'une partie des biens propres de celui-ci : la moitié dans les familles roturières, le tiers chez les nobles [...] [189]. » Les femmes peuvent en théorie posséder et administrer un domaine viticole. Toutefois, les préjugés anciens persistent et l'on tente de « prouver l'incapacité physique et intellectuelle des femmes en établissant un lien entre l'anatomie du sexe féminin et leurs aptitudes [...] [190] ».

188. Gérard-François Dumont, *La Place de la femme dans l'identité européenne révélée par la démographie. Entretiens autour de l'identité européenne,* Centre international de formation européenne, 2013, p. 63-76.

189. *Ibid.*, p. 71.

190. Nicole Dufournaud, « La Querelle des dames à la Renaissance », *Encyclopédie d'histoire numérique de l'Europe, https://ehne.fr/fr/node/1416*

Certaines, telle Christine de Pisan (1364-1430), philosophe et poétesse, luttent contre ces stéréotypes diffusés par clercs et lettrés. Issue de la pensée humaniste, *La Querelle des femmes,* débat intellectuel né en France au XVIe siècle, fait suite à cette polémique. Déclenchée par le juriste André Tiraqueau autour d'un nouveau contrat de mariage plus égalitaire, elle s'étend rapidement au statut, à l'éducation et à la place des femmes dans la société, dans les affaires publiques et privées ; elle enflamme toute l'Europe.

Dans son étude sur le régime alimentaire des pays de l'Italie médiévale, Massimo Montanari, historien italien spécialiste de l'histoire de l'alimentation, confirme qu'au cours de cette période, la différence de consommation de vin entre les riches et les pauvres est une question de qualité et non de quantité. La quantité consommée par les hommes et les femmes est « beaucoup plus importante que celle d'aujourd'hui : deux, trois, quatre fois plus[191] ». Deux arguments étayent son affirmation : les travailleurs agricoles, hommes ou femmes, sont souvent rémunérés en nature avec de la nourriture ou du vin ; les dispositions testamentaires prises par les époux envers leur veuve font état de quantités de vin allouées annuellement. À titre d'exemple, la pension alimentaire d'une veuve vivant en Provence au XIVe siècle était de 173 litres de piquette[192].

La fin du haut Moyen Âge survient avec l'essor des villes et l'épanouissement d'une nouvelle civilisation qui, loin d'oublier son héritage gréco-romain, va le réinventer partout en Europe avec la Renaissance. Mouvement humaniste, période de transition entre le Moyen Âge et les Temps modernes, elle est marquée par l'expansion de l'activité commerciale et protoindustrielle et par le développe-

191. Massimo MONTANARI, *L'Alimentazione contadina nell'alto Medioevo,* Liguori, Naples, 1979, p. 381-384.

192. Louis STOUFF, *Ravitaillement et Alimentation en Provence aux XIVe et XVe siècles,* Mouton & Co., Paris-La Haye, 1970, p. 230.

ment de la littérature et des arts. La Renaissance s'intéresse à la fois aux connaissances antiques et aux nouveaux savoirs. Elle se veut un regard neuf sur la condition humaine et entreprend une mise en question de l'importance des religions.

Temps modernes : les femmes, ces grandes oubliées. Limonadières, vinaigrières, épicières… vigneronnes ?

Elle avait aussi un autre attribut,
À savoir qu'elle était si grande et avide buveuse de vin que,
S'il en avait charrié, elle aurait bu l'Adige d'un seul trait[193].

Avec le développement des jurandes[194], la féminisation de certains métiers, en particulier dans le secteur du vin, connaît un ralentissement. Même si, après la réorganisation des corporations en 1776, les femmes peuvent accéder aux métiers de marchandes-maîtresses, leur expression publique et leur rôle demeurent limités en raison de la persistance d'une construction culturelle du genre[195]. Elles ne sont admises que dans un nombre limité de jurandes ; les métiers viticoles n'en font d'ailleurs pas partie. Il faut attendre la fin du XVIIIe siècle et les réformes imposées par édit royal pour que les femmes puissent joindre toutes les corporations. Elles occupent alors des métiers qui leur étaient fermés, en particulier ceux de limonadières, vinaigrières

193. Matteo BANDELLO, *Nouvelles de Bandello, traduites en français pour la première fois,* Ulan Press, 2012.

194. Sous l'Ancien Régime, groupement professionnel autonome, avec personnalité juridique propre et discipline collective stricte, composé de membres égaux unis par un serment ; *https://www.larousse.fr/dictionnaires/francais/jurande/45190*

195. Cynthia TRUANT, « La maîtrise d'une identité ? Corporations féminines à Paris aux XVIIe et XVIIIe siècles », *Clio,* 3 ; 1996 ; *https://doi.org/10.4000/clio.462*

ou épicières[196]. Elles sont autorisées à vendre de l'eau-de-vie et des alcools, à l'exception du vin.

Les femmes participent toujours aux travaux viticoles : en 1575, l'établissement, par les magistrats de la cité de Toul[197], de rations journalières de vin pour les travailleurs et les travailleuses de la vigne en est un exemple. Ces quantités quotidiennes demeurent toutefois inférieures pour les femmes : deux litres et demi pour les hommes contre un litre vingt-cinq pour ces dernières…

La consommation de vin, au cours de la Renaissance, ne connaît aucune discrimination. Dans ses *Nouvelles*, Matteo Bandello, écrivain italien du XVIe siècle, fait d'ailleurs du vin un protagoniste sérieux ! Spectateur attentif de la vie quotidienne de son époque, de ses passions, de ses turpitudes, Bandello conte toutes sortes d'aventures dont l'action se situe dans différents pays d'Europe. Les milieux décrits y sont multiples : aristocratique, ecclésiastique, artisan, paysan, commerçant, etc. Le vin y coule à flots. Ce sont d'ailleurs les femmes qui le choisissent, le préparent, le servent et l'accordent. Doit-on y voir un début d'évolution des mentalités ? Modèle antique oblige, le vin, « breuvage très suave, véritable aliment de la vie humaine, qui régénère les esprits, réjouit le cœur et restaure puissamment et efficacement toutes les vertus et actions corporelles[198] », est bu de façon modérée.

196. *Ibid.*

197. Située en Lorraine et réputée pour ses vins, servis alors dans toutes les cours d'Europe.

198. Matteo BANDELLO, *Novelle, VI, Quarta Parte, Tutte le Opere di Matteo Bandello,* Arnoldo Mondadori Éditeur, Milan, 1943.

Les Catherine de Chenonceau : ampélographes entre Touraine et Toscane ?

Chenonceau, château de femmes, demeure une exception dans le paysage viticole de la Renaissance. Son vignoble aux cépages emblématiques, cabernet franc et côt[199] pour les rouges, sauvignon blanc pour les blancs[200], mais aussi chenin, est le fait de deux femmes, l'une française, issue de la noblesse tourangelle, l'autre italienne, épouse d'Henri II, reine de France.

Katherine Briçonnet (1494-1526), fille du cardinal Briçonnet entré dans les ordres après son veuvage, épouse de Thomas Bohier, gestionnaire financier pour la couronne de France, fut avant tout l'architecte du château de Chenonceau. Elle aurait introduit le plant d'Anjou, popularisé en chenin blanc par Rabelais en 1534 dans Gargantua (chapitres I, V, XXV)[201]. Il est aussi fait mention du plant d'Anjou dans *Aveu et Dénombrement*[202] *du 18 mai 1523 de la seigneurie de Chenonceau,* cité par Alfred Bouchard[203] : « item un autre cloz de vigne blanche appelé le plant d'Anjou contenant quatre arpents ou environ[204] ».

---

199. Nom local du malbec.

200. L'AOC Touraine-Chenonceaux n'admet que le cépage sauvignon blanc pour ses blancs.

201. Henri GALINIÉ, *De pineau et plant d'Anjou à chenin (1400-1900), Recherches sur l'histoire des cépages de Loire,* 14, 2019, p. 4, *halshs-02138158v2 ; https ://shs. hal. science/halshs-02138158v2/document*

202. Déclaration écrite des droits et devoirs que le vassal devait fournir au suzerain lors de la prise de possession d'un domaine. L'aveu s'accompagnait d'un dénombrement donnant le détail des biens et des droits constitutifs du fief ; *https://factum.bibliotheques-clermontmetropole.eu/glossaire/aveu-et-denombrement*

203. Pierre Viala, Victor Vermorel, *Ampélographie*, volume 2, 1901, Masson, Paris, p. 84.

Catherine de Médicis (1519-1589), fille de Laurent II de Médicis et épouse du roi de France Henri II, autre résidente du château, aurait également eu une influence sur le développement du vignoble de Chenonceau. Par ailleurs, elle en aurait introduit le cabernet franc à Barco Reale, réserve de chasse des Médicis en Toscane. D'autres racontent que le cépage y aurait fait son apparition lors de l'échange des cadeaux de mariage entre les rois français et les Médicis... Quoi qu'il en soit, le cabernet franc figure aujourd'hui dans l'appellation d'origine protégée Barco Reale di Carmignano en cépage d'appoint, tout comme le cabernet sauvignon, introduit dans le Piémont vers 1820, avec les cépages principaux sangiovese et canaiolo nero.

L'époque contemporaine I : la subordination des femmes La Champagne, une exception ?

La Femme naît libre et demeure égale à l'homme en droits.
Les distinctions sociales ne peuvent être fondées
que sur l'utilité commune[205].

La révolution française de 1789 marque une rupture dans toute l'Europe. En abolissant la société d'ordres, l'article premier de la *Déclaration des droits de l'homme et du citoyen* jette une nouvelle conception des rapports entre humains : libre, juste et équitable... dont les femmes sont écartées. Olympe de Gouges, l'une des précurseures du féminisme moderne, la réécrira d'ailleurs pour ces dernières en 1791.

204. Henri GALINIÉ, *op. cit.*

205. Article premier de la *Déclaration des droits de la femme et de la citoyenne.*

Révolution française

Qui travaille dans les champs ? C'est bien toi, paysan !
Qui travaille la vigne ? C'est bien toi[206].

En matière agricole et viticole, la révolution de 1789 apporte au monde rural une réforme foncière, la propriété des terres et la liberté d'initiative[207]. Dans le domaine des successions, les législateurs révolutionnaires tentent de rationaliser l'ensemble hétéroclite des lois et des coutumes qui organisaient le royaume ; ils abolissent le régime successoral féodal fondé sur le droit de masculinité et d'aînesse. En dépit des oppositions rencontrées, la principale étant le maintien d'avantages au bénéfice d'un héritier unique et mâle, le nouveau régime se veut strictement égalitaire, quel que soit le sexe des héritiers[208]. Le résultat en est la parcellisation des héritages et le morcellement des terres, l'un des objectifs révolutionnaires étant de constituer une classe de nombreux agriculteurs propriétaires précisément attachés à l'esprit de la Révolution. Le législateur ne tarde toutefois pas à redonner la possibilité pour les ascendants et les collatéraux d'hériter au détriment de la femme conjointe ou survi-

---

206. Chanson révolutionnaire de l'an II. Robert BRÉCY, « La chanson révolutionnaire de 1789 à 1799 », *Annales historiques de la Révolution française*, vol. 53, n° 244, 1981, p. 279-303 ; *https://www.jstor.org/stable/41913544*

207. Geneviève GAVIGNAUD-FONTAINE, *Propriétaires-Viticulteurs en Roussillon.* Tome I : *Structures, conjonctures, société, XVIII*e*-XX*e *siècles.* 2 volumes, éditions de la Sorbonne, Paris, 1983 ; *https://doi.org/10.4000/books.psorbonne.70929*

208. Fabrice BOUDJAABA, Marie-Pierre ARRIZABALAGA, « Les systèmes fami liaux. De la cartographie des modes d'héritage aux dynamiques de la reproduction familiale et sociale. » *Annales de démographie historique,* n° 129 ; DOI : 10.3917/adh.129.0165

vante[209]. D'autres mutations foncières voulues par la Révolution éloignent encore plus les femmes de la viticulture, en particulier la mise à la disposition de la Nation de tous les biens ecclésiastiques[210], décrétée par Talleyrand, alors évêque d'Autun : les moniales vigneronnes, seules femmes à avoir eu la possibilité d'effectuer des travaux viticoles et d'en retirer le fruit, voient les domaines de l'Église devenir bien public et leur rôle cesser. Les autres sont toujours exclues des opérations stratégiques telles que la taille, qui détermine production et qualité, et la vinification, qui détermine gain et notoriété ; ramassage des sarments, épamprage, ébourgeonnage et vendanges demeurent leur lot.

La dame d'Yquem,
l'exception qui confirme la règle…

Née dans une famille noble, Françoise-Joséphine de Sauvage d'Yquem (1768-1851) épouse en 1785 Louis-Amédée de Lur-Saluces dont la famille possède les châteaux de Malle et de Fargues, propriétés phares de l'appellation. Yquem devient alors propriété de Lur-Saluces.

Lorsque son époux décède d'un accident de cheval en 1788, l'existence de Françoise-Joséphine connaît un tournant particulier : veuve à vingt ans, elle reprend les rênes du domaine viticole. La période est difficile pour la royaliste qu'elle est : la Révolution française est en route avec son cortège d'expulsions et d'exécu-

209. Joseph Goy, « Transmission successorale et paysannerie pendant la Révolution française : un grand malentendu. » In *Études rurales*, n°110-112, 1988. *La Terre : succession et héritage*, p. 45-56 ; *https://doi.org/10.3406/rural.1988.4611*

210. Geneviève Gavignaud-Fontaine, *op. cit.*, p. 175-212.

tions. Au cours de la Terreur, certains membres de sa belle-famille émigrent; d'autres sont exécutés.
Arrêtée en 1794, menacée de perdre le domaine, elle parvient à le conserver en prouvant qu'elle en est bien propriétaire par acquisition et non par privilège. Déterminée, elle exploite elle-même le vignoble avec l'aide de son régisseur. En 1826, elle fait construire une nouvelle cave qui permet l'élaboration du vin dans de meilleures conditions et son vieillissement sur place. Elle poursuit l'acquisition de nouvelles parcelles de terre, augmentant peu à peu la superficie de sa propriété – aujourd'hui cent treize hectares. Soucieuse de la qualité de ses vins, elle introduit la pratique de la sélection des baies ayant atteint un niveau de maturité optimal. Ambassadrice hors pair, elle vend à la toute jeune Amérique: Thomas Jefferson et son entourage sont de grands consommateurs de ses vins. Novatrice, opiniâtre, elle fait preuve d'intrépidité dans la gestion et l'amélioration de son domaine. Françoise-Joséphine est une pionnière: elle ouvre la voie aux femmes dans l'univers viticole.

Code Napoléon et règles successorales

Article 1124: Les incapables de contracter sont les mineurs, les interdits, les femmes mariées, dans les cas exprimés par la loi, [...].

Premier code libéral et bourgeois d'Europe, le Code civil français, né le 21 mars 1804, est fondé sur le code romain. Il consolide ainsi la domination masculine; l'infériorité des femmes est inscrite dans la loi. Ses dispositions conjugales et familiales, particulièrement rigides, les privent de droits juridiques et les soumettent à l'autorité du père ou de l'époux[211]. Le Code civil connaît un rayonnement mondial : il influence les codes néerlandais, roumain, italien, portugais, espagnol, les grands-duchés de Bade, de Berg, de Rhénanie et de Varsovie, la ville libre de Cracovie, pour ce qui est de l'Europe[212], exportant ainsi une discrimination envers les femmes parfaitement institutionnalisée. Si le droit successoral inscrit la répartition équitable entre héritiers, soumettre les femmes à l'autorité d'un père ou d'un époux les empêche d'accéder à la propriété ainsi qu'à la gestion d'entreprise, de domaines agricoles ou viticoles… à l'exception des veuves.

Loin d'adoucir ce constat de subordination, le cas des veuves champenoises stigmatise l'iniquité du droit de la famille en vigueur : « Un instrument performant pour rendre les épouses invisibles et les veuves visibles[213]. Avant 1965, c'est uniquement avec l'autorisation de son mari qu'une épouse pouvait exercer un métier, et elle était limitée dans sa capacité à accomplir des actes juridiques. Cependant, à la mort de son époux, elle récupérait la personnalité juridique, ce qui ouvrait la possibilité de reprendre une entreprise. L'expérience acquise en tant qu'épouse collaboratrice et non seulement épouse "domestique" lui permettait donc de poursuivre, voire de développer l'activité de son défunt mari. Même si cela se faisait sous certaines conditions — connaissance du métier, ouvrier capable de poursuivre le métier, maintien du veuvage[214]. » Le veuvage assure

---

211. *https://https://ehne.fr/fr/encyclopedie/thématiques/genre-et-europe/le-droit-civil/le-droit-civil-un-outil-de-domination-masculine*

212. *https://www.codeeuropeendesaffaires.eu/2019/04/10/code-europeen-napoleon-avait-il-raison-avant-lheure/*

213. Paulette ROBIC, Nicolas ANTHEAUME, « La veuve : une partie prenante méconnue dans la transmission des entreprises familiales », in *Management international, Érudit,* volume 18, n°4, 2014, p. 12-189.

214. *Ibid.*

ainsi cette légitimité juridique pour reprendre et diriger une entreprise ou, dans le cas de la Champagne, une maison de négoce. Le seul impératif est d'apposer « Veuve » sur les étiquettes et les autres documents commerciaux.

Apolline, Barbe-Nicole, Jeanne Alexandrine, Mathilde... Ou les charmes du veuvage en Champagne

Vin de Beaune et vin de Vertus, de Cumières et de Damery,
vin d'Aÿ, de Croy, de Mante[215].

À quelques exceptions près, les grandes maisons de champagne sont fondées au XIXe siècle. Le champagne entre dans le monde des affaires : les investissements de banquiers comme Clicquot ou d'industriels du textile comme Ponsardin ou Pommery sont un stimulant pour sa commercialisation qui partage ainsi les réseaux de vente internationaux du textile[216]. À l'origine d'innovations dans l'élaboration, la commercialisation, l'export, les veuves vont contribuer remarquablement à l'essor et au prestige du champagne[217].

Apolline Godinot, veuve Henriot : née en 1775, épouse de Nicolas Henriot, négociant et propriétaire de vignobles, elle fonde la maison de champagne Veuve Henriot en 1808.

215. Eustache DESCHAMPS, poète champenois (1340-1406), cité par Georges COLIN, « Vignoble et vin de Champagne » in *Travaux de l'Institut géographique de Reims,* n°15, 1973, p. 3-92 ; *https://doi.org/10.3406/tigr.1973.966*

216. Georges COLIN, *ibid.*

217. François BONAL, *La Femme et le Champagne,* Dominique Guéniot Éditeur, Langres, 2001.

Commerciale hors pair, elle exporte dans toutes les cours royales européennes.

Barbe-Nicole Ponsardin, veuve Clicquot : née en 1777, veuve à vingt-sept ans, elle reprend la direction de la maison de négoce familiale, Clicquot & Fils, en 1805. Renommée Maison Veuve Clicquot-Ponsardin, la maison de négoce se met à élaborer du champagne. À l'origine de la table de remuage, du premier champagne millésimé et du premier champagne rosé d'assemblage, celle que l'on surnomme la Grande Dame de la Champagne, est l'une des premières entrepreneuses modernes.

Jeanne Alexandrine Louise Mélin, veuve Pommery : née en 1819, veuve en 1857, elle dirige la maison de négoce de champagne à la suite du décès de son époux. Elle est à l'origine du premier champagne brut en 1874 — plus conforme au goût de sa clientèle britannique que le champagne sucré d'alors — et de l'exploitation des crayères, transformées en cave dès 1868.

Mathilde-Émilie Perrier, veuve Laurent : Eugène Laurent, ancien chef de cave de la maison de négoce Pierlot qui lui est transmise par le dernier Pierlot, décède en 1887. Sa veuve reprend le flambeau. La maison est désormais baptisée « Veuve Laurent-Perrier ». Novatrice, elle lance en 1889 son « Grand vin sans sucre » afin de satisfaire sa clientèle britannique.

À partir de 1893, le code du commerce supprime l'incapacité pour les femmes divorcées ou séparées de corps. Les femmes mariées doivent toujours obtenir l'autorisation de leur époux. Ce n'est qu'en 1938 que le statut d'incapacité juridique est retiré à la femme mariée.

Élisabeth : la toute première œnologue ?

Opuscule sur la vinification, traitant des vices des méthodes usitées pour la fabrication des vins, et des avantages du procédé de Mademoiselle Élisabeth Gervais, brevetée du Gouvernement par ordonnance de S. M. Louis XVIII, pour la même fabrication[218].

Propriétaire de vignes dans l'Hérault, Élisabeth Gervais crée un procédé qui permet de protéger le vin de l'oxygène et de contrôler les gaz pendant et après la fermentation alcoolique. Ces gaz sont alors récupérés et restitués au vin pour lui apporter volume et qualité.

Extraits :

« Il était réservé à Mademoiselle Élisabeth Gervais, ma sœur, de réussir à la découverte d'un appareil qui rendît la vinification parfaite. Son procédé aussi simple que facile dans son exécution, qu'heureux dans ses résultats, et pour lequel elle a été brevetée par ordonnance de Sa Majesté du 13 janvier dernier, garantit le vin des pertes qu'il éprouve dans la fermentation ordinaire ; de sorte qu'en le préservant de l'évaporation de son esprit, de son parfum et d'une partie de son gaz, le vin se trouve augmenté dans la quantité, et enrichi des principes les plus précieux à sa composition[219]. »

Le procédé mis au point par Élisabeth Gervais est décrit comme suit : « Un couvercle en bois et bien jointé couvre la cuve, contenant la vendange ; ses bords sont enduits tout autour avec du

218. Titre du manuel rédigé par Jean-Antoine GERVAIS, frère d'Elisabeth GERVAIS, pour mettre en lumière l'invention de sa sœur. Imprimerie de J. -G. Tournel, Montpellier, 1820.

219. Jean-Antoine GERVAIS, *op. cit.*, Vieusseux Imprimeur-Libraire, Toulouse, 1821, p. 31-32 ; *https://gallica.bnf.fr/ark:/12148/bpt6k6497459t/f5.item. texteImage*

plâtre ou autre ciment, pour lier les bords du couvercle aux parois de la cuve, afin de garantir son intérieur de l'action de l'air. Au milieu de ce couvercle est pratiquée une grande ouverture qui est conforme à la dimension de l'embouchure de l'appareil, qui doit y être placé et cimenté également, pour qu'aucune vapeur ne puisse se dissiper de la cuve. L'Appareil est composé de fer-blanc, comme le métal le plus économique et en même temps le plus convenable ; sa forme est celle d'un grand chapiteau, de vingt à trente pouces de hauteur, placé au milieu d'un grand réfrigérant qui le domine de dix à quinze pouces ; au bas du chapiteau et dans la partie intérieure, est pratiquée une rainure qui a une petite échancrure en dedans et un petit robinet en dehors. Du milieu de ce chapiteau part un grand tuyau qui est conduit en dehors et qui va plonger dans un grand vaisseau. Une soupape, au dessus d'un gros tuyau de fer-blanc, est placé à une certaine distance de l'appareil, et forme comme une cheminée à la cuve ; cette soupape est encore recouverte d'un grand tuyau de fer-blanc qui va également plonger dans le même vaisseau où plonge celui de l'appareil. [...] Le couvercle a pour usage 1° d'empêcher que l'action de la température ne contrarie le développement de la fermentation spiritueuse ; 2° de s'opposer à l'évaporation de l'esprit et du parfum du vin que l'action de la chaleur et du mouvement dissiperaient ; 3° de retenir le gaz acide carbonique avec l'esprit et le parfum qu'il entraîne ; 4° afin de garantir le marc et tous les corps qui forment le chapeau de la vendange, des altérations acides et putrides qu'ils éprouvent ordinairement par les effets destructeurs de l'air[220]. »

Le procédé, breveté en 1820, fait sensation et attire les recommandations de chimistes et d'agronomes connus dont Jean-Antoine Chaptal. Élisabeth Gervais est toutefois accusée de plagiat : elle aurait recopié les travaux d'un professeur de l'académie de physique de Metz, publiés à la fin du XVIIe siècle…

220. *Ibid.*, p. 33-34.

Révolution industrielle et mutations : la fin du vignoble traditionnel[221]

L'année 1850 est considérée comme le début du vignoble moderne du fait des bouleversements apportés par la construction du chemin de fer et la multiplication des maladies cryptogamiques. Les femmes sont toujours exclues des travaux en cave, à la fois pour ne pas « perturber » la productivité des hommes et en raison de tabous persistants sur les menstruations, susceptibles, selon Pline l'Ancien, de faire aigrir le vin doux[222]. Leurs activités y demeurent limitées au lavage et à l'étiquetage des bouteilles.

Autre manifestation de cette subordination, la rémunération des épouses qui travaillent dans les exploitations viticoles familiales est inexistante. Elle consiste en un demi-salaire pour les ouvrières et les journalières viticoles. Ces inégalités salariales sont justifiées par la notion de « salaire d'appoint » dans le premier cas : l'époux est le pilier financier de la famille et le travail de son épouse ne saurait lui être comparé ou être rémunéré de la même manière. Dans le second cas, elles répondent à une « logique d'occultation des compétences féminines[223] » : les opérations de la vigne effectuées par les femmes, assimilées à des enfants, relèvent d'aptitudes présumées naturelles et ne méritent donc pas de salaire… Les stéréotypes ont la peau dure ! Considéré comme auxiliaire, l'emploi viticole féminin exige en réalité une grande disponibilité de la part des ouvrières viticoles,

221 Marcel LACHIVER, *Vins, Vignes et Vignerons. Histoire du vignoble français,* Fayard, Paris, 1988.

222 PLINE L'ANCIEN, *Histoire naturelle,* livre 7, XIII-2-23, Dubochet, Paris, 1848 ; *https://remacle.org/bloodwolf/erudits/plineancien/livre7.htm*

223 Jean-Louis ESCUDIER, *Les Femmes et la Vigne. Une histoire économique et sociale (1850-2010),* Presses universitaires du Midi, Toulouse, 2016, p. 20.

Caroline : américanistes contre chimistes

Sois maudit, ô phylloxéra ! O fléau qui nous désespère !
Si la vigne meurt, ô misère ! Sa fille, la chanson, mourra[224].

En 1873, en pleine crise du phylloxéra, Caroline Sœhnée, jeune veuve Ponsot, prend la direction du domaine des Annereaux Lalande-de-Pomerol. Entre 1869 — année où l'insecte est repéré en Gironde dans l'Entre-Deux-Mers et le Libournais — et 1880, ce sont plus de cent mille hectares du vignoble bordelais qui sont ravagés.

Dans son combat contre le phylloxéra, Caroline Sœhnée choisit le camp des « américanistes », favorable au greffage, contre les « chimistes », favorables à la lutte par le sulfure de carbone. Scientifique et militante, elle conduit les essais de plantation et de greffage de vignes américaines. Elle doit alors faire face « aux dédains systématiques d'agriculteurs distingués et aux attaques souvent intéressées qui font considérer la viticulture franco-américaine comme une déplorable aventure [...] [225] ». Lors du congrès de Bordeaux de 1881, son travail rigoureux lui vaut d'être récompensée d'une médaille d'or de la Société nationale d'encouragement à l'agriculture. En 1890, elle publie un manuel sur la culture de ces vignes : *Les Vignes américaines*.

224. Chanson du Mâconnais et du Beaujolais, citée par Octave PRADEL dans *Le Vin et la Chanson*, Flammarion, Paris, 1913.

225. Caroline PONSOT, *Les Vignes américaines. Catalogue et Manuel*, Féret et Fils, Bordeaux, 1890.

du point de vue tant de l'intermittence des embauches que des variations horaires de la journée de travail.

La crise du phylloxéra, qui débute en 1863 et détruit le vignoble européen, apporte de nouvelles perspectives : l'urgence de greffer sur des porte-greffe américains résistants à la larve de l'insecte mobilise toute la main-d'œuvre viticole. Des conférences et des cours sur le greffage sont d'ailleurs proposés aux femmes par la Société régionale de viticulture de Lyon[226]. Le Beaujolais est à l'avant-garde de cette initiative. En Gironde, c'est d'ailleurs une vigneronne-propriétaire, Caroline Sœhnée *(voir encadré page précédente)*, qui mène cette guerre contre le phylloxéra en prônant inlassablement la solution du greffage plutôt que la lutte chimique.

La consommation de vin par les femmes subit, elle aussi, une mutation. « Entre 1830 et 1860, la consommation annuelle moyenne de chaque Français s'établit à 81 litres (moins d'un quart de litre par jour). Soixante ans plus tard, elle atteint 168 litres en moyenne personnelle : [...] premier record historique et un record mondial[227]. » Cette situation n'est pas caractéristique de la seule France : « C'est tout l'arc méditerranéen qui se pinte (ou se teinte) au vin[228] ! » Né aux États-Unis en 1789, présent dès la première moitié du XIXe siècle dans l'Europe anglo-saxonne, germanique et scandinave, le discours antialcoolique connaît un développement important à partir de 1871. L'une des conséquences du bouleversement apporté par les révolutions industrielles en Europe, l'alcoolisme est un fléau social qui entraîne une mobilisation majeure. La Société française de tempérance, émanation de l'Académie de médecine, naît en 1873. La réalité de l'alcoolisme dénoncée, le vin devrait être banni. Il ne l'est pas. Deux mouvements s'engagent alors en France : les sociétés

226. Créée par l'ampélographe Victor Pulliat en 1869.

227. Didier NOURRISSON, *Une histoire du vin*, Perrin, Paris, 2017, p. 197-240.

228. *Ibid.*

de tempérance « totalitaires » qui proscrivent toutes les boissons alcoolisées, y compris le vin, et les militants antialcooliques, « tempérants et non abstinents totaux », qui prônent une consommation modérée de vin, alors promu au rang de boisson hygiénique [229]. Le Dr Guyot [230] oppose « le vin naturel, alimentaire et bienfaisant » aux alcools de distillation, telle l'absinthe dont les ravages sont puissants. Pasteur apporte sa contribution à cette promotion en proclamant que « le vin est la plus saine et la plus hygiénique des boissons ». Les médecins français recommandent ainsi à leurs patients et patientes de boire du vin ou du cognac. Certains le prescrivent même aux alcooliques en voie de guérison, en raison de sa capacité à les apaiser [231]. Capables de garantir une bonne santé, les recettes médicinales se multiplient : plus de 1 654 vins médicinaux font ainsi leur apparition à la fin du XIXe siècle [232].

Le vin demeure un marqueur social : bourgeois, ouvriers, paysans ne boivent pas les mêmes étiquettes ; ils ne les consomment ni dans les mêmes endroits ni de la même manière. La consommation de vin des femmes est d'ailleurs liée à leur appartenance à l'une des trois catégories sociales : paysanne, bourgeoise, ouvrière. Proscrit en public, contrôlé dans l'espace privé, le vin ne saurait être apprécié par les femmes de la bourgeoisie : pour la jeune fille qui doit répondre à la conception romantique et éthérée en cours et rester éloignée des paradis artificiels baudelairiens, l'abstinence est la règle ; pour

---

229. Jacqueline LALOUETTE, « La consommation de vin et d'alcool au cours du XIXe et au début du XXe siècle. » *Ethnologie française,* vol. 10, n°3, 1980, p. 287-302 ; *http://www.jstor.org/stable/40988618*

230. Médecin, physicien, agronome (1807-1872).

231. Lauren Elizabeth SAXTON, *Before Addiction: The Medical History of Alcoholism in Ninetheeth-Century France,* CUNY Academic Works, New York, 2015.

232. Dr Marc LAGRANGE, *Le Vin et la Médecine – À l'usage des bons vivants et des médecins,* Féret, Bordeaux, 2004.

l'épouse transformée par le code moral bourgeois en gardienne de la décence auprès de la famille, de la communauté, voire de la nation, il ne saurait être question de consommer du vin, à l'exception de celui offert par l'époux ou prescrit par le médecin. Elle s'oppose ainsi à l'ouvrière dont l'alcoolisme, créé par la misère et les conditions de sa classe sociale selon l'association axiomatique courante au XIXe siècle, est longuement dépeint par Émile Zola dans sa fresque *Les Rougon-Macquart*. Elle s'oppose également à la paysanne, identifiée par la nature de son travail et par un mode de vie spécifique fait de rituels, de stratégies familiales ou matrimoniales et d'usages alimentaires différents. La paysanne consomme de l'eau ou de la piquette. Le vin de qualité est généralement vendu dans les bistrots et les autres débits de boisson, dont la loi du 17 juillet 1880 entraîne la multiplication. Viennent enfin les « autres » femmes : « marginales, artistes, intellectuelles, riches héritières telles Georges Sand ou les "garçonnes" des Années folles – qui, buvant comme des hommes, expriment une contestation d'un certain ordre politique, philosophique, artistique, phallocratique[233] ». Dans une certaine mesure, la consommation de vin est la manifestation du rejet de la morale bourgeoise patriarcale et un signe de libération : transgresser les interdits de consommation du vin et des autres boissons alcoolisées « s'accompagne du droit de dire ce que l'on pense et ressent[234] ». L'association entre *femme de petite vertu*, débauche sexuelle et vin n'en demeure pas moins vivace : elle aura traversé les siècles.

233. Jean-Pierre CORBEAU, « Réflexions sociologiques "en vrac" sur le vin », *Anthropology of Food*, 3 décembre 2004; *https://journals.openedition.org/aof/243#bodyftn6*

234. *Ibid.*

CHAPITRE IV

Stéréotypes, préjugés, discriminations

Le vigneron a un coopérateur de tous les instants, sa femme si indispensable, à la tenue du vigneronnage, apportant un point capital à l'œuvre commune [...][235].

Au début du XXe siècle, le travail salarié viticole des femmes est si peu valorisé qu'il échappe à toute possibilité de classification et de statut : une femme est une ménagère même quand elle travaille dans les vignes[236]. Alors qu'il se dégage nettement des classes de travailleurs dans le prolétariat viticole, les femmes y sont inexistantes en raison d'une absence délibérée de prise en considération de leur travail. Les caractéristiques de cet emploi féminin dans les vignes sont la flexibilité, la précarité et une rémunération inférieure à celle des hommes.

235. M. de Saint-Charles, propriétaire du Beaujolais, cité par Jean-Louis ESCUDIER, *Les Femmes et la Vigne*, *op. cit.*, p. 68.

236. Jean-Louis. ESCUDIER, « Le travail viticole féminin de 1900 à 1914 : une entité économique et sociale complexe » i*n La Révolte du Midi viticole cent ans après, 1907-2007*, Presses universitaires de Perpignan, 2008 ; *https://doi.org/10.4000/books.pupvd.23872*

L'époque contemporaine II : à travail égal, demi-salaire ?

Les femmes devront gagner la moitié de la journée des hommes en argent et en vin[237].

Supérieures en nombre pour la cueillette des raisins, elles sont chargées de l'enlèvement des sarments, du déchaussage des pieds de vigne, de la disposition de fumier autour de souches dans des cuvettes préparées par des hommes. Elles aident également aux opérations d'échaudage contre les insectes et de sulfatage en remplissant les pulvérisateurs des hommes. Elles sont toujours exclues de la taille, du greffage et du pressurage ainsi que des opérations en cave. Elles sont écartées des travaux nécessitant l'utilisation d'animaux (chevaux), de machines (pressoirs, pompes, bâts à sulfater) ou d'outils, accaparés par les hommes sous prétexte que leur maniement requiert de la force physique et un savoir-faire. Conventionnellement, le salaire féminin reste un demi-salaire. Lors des vendanges de 1904 dans le midi de la France, les hommes perçoivent quatre francs et trois litres de vin ou trois francs et les repas du jour par journée de travail de onze heures (6 heures-17 heures, avec deux heures pour le déjeuner) ; les femmes ne perçoivent que 2,25 francs, un litre de vin, et ne sont pas nourries[238].

237. Article 3 du règlement de la Fédération des travailleurs agricoles du Midi (FTAM), approuvé lors de son congrès d'août 1903 ; *https://gallica.bnf.fr ark:/12148/bpt6k6361678x/f271.item*

238. *Statistiques des grèves et recours à la conciliation et à l'arbitrage survenus pendant l'année 1904*, ministère du Commerce, de l'Industrie, des Postes et des Télégraphes, Direction du travail, Imprimerie nationale, Paris, 1905 ; *https://gallica.bnf.fr/ark:/12148/bpt6k6361678x/f271.item*

Première Guerre mondiale : un tournant émancipateur ?

Ces dignes femmes méritent bien une mention spéciale, car elles font honneur à notre Patrie et sont un vivant exemple de suprême énergie, de devoir et de travail[239].

La Grande Guerre marque un tournant : reléguées à un rôle secondaire pour l'économie viticole d'avant 1914, les femmes doivent désormais assumer des responsabilités dont elles avaient toujours été écartées. La mobilisation des hommes entraîne leur implication massive dans tous les secteurs de l'économie, en particulier agriculture et viticulture. Selon le recensement de population de 1911, une majorité de femmes est sans profession déclarée en septembre 1914, le travail agricole féminin demeurant « particulièrement difficile à évaluer parce qu'il s'exerce dans le cadre familial et juridique d'un patrimoine privé[240] ». Dès le mois de décembre 2014, le vin gagne le statut d'arme de guerre et est distribué massivement dans les tranchées : un quart de litre par homme et par jour au début des hostilités, un demi-litre en 1916. Les femmes en assurent la production en reprenant toutes les tâches traditionnellement effectuées par les hommes : greffage, taille, travail en chai. Les nécessités économiques et les situations d'urgence viennent rapidement à bout des préjugés séculaires : il en est ainsi pour les travaux en cave. Ayant rarement élaboré du vin et en l'absence de toute formation, ces vigneronnes de la guerre se heurtent à des difficultés : « Dès le mois

239. Extrait du rapport du 28 août 1918 du Conseil général du Puy-de-Dôme ; *https://www.archivesdepartementales.puy-de-dome.fr/n/l-evolution-du-travail-des-femmes/n:126*

240. Michelle ZANCARINI-FOURNEL, *Histoire des femmes en France : XIXe-XXe siècles,* Presses universitaires de Rennes, 2010, p. 156.

de septembre 1914, d'innombrables femmes participent aux opérations de vinification mais, en toute logique, leur absence totale de formation œnologique s'avère préjudiciable à la qualité du produit fini[241]. » La récolte de 1915 dans le Bordelais s'avère décevante. La prise de conscience de cette autre forme de discrimination qu'est l'absence de formation des femmes ainsi que l'appréciation de leur rôle dans l'économie de guerre conduisent à une réflexion nouvelle : la loi du 2 août 1918 autorise les jeunes filles à entrer dans les écoles nationales d'agriculture.

Mérite agricole pour les vigneronnes improvisées de la Grande Guerre

Extrait des Archives du département du Puy-de-Dôme N453/1 et 2 :

« Votre Commission estime au surplus que ce serait le devoir de l'État de récompenser par une haute distinction, telle que le Mérite agricole, ces vaillantes ménagères dont le courage n'a pas faibli un instant pendant quatre années de guerre. [...]. Elle a examiné avec un vif intérêt la possibilité de faire porter le concours sur les vignes exploitées par, ou sous la direction des femmes ou mères de mobilisés. Le nombre des exploitations à visiter dépasserait encore les disponibilités d'une Commission en primes, temps et frais de visite. Votre 6° Commission [...] vous propose, pour cette année 1918, de comprendre simplement dans le programme d'une visite du vignoble du Puy-de-Dôme les vignes appartenant à des femmes dont les maris mobilisés

241. Jean-Louis ESCUDIER, *Les Femmes et la Vigne...*, *op. cit.*, p. 144.

> sont morts pour la France ou portés disparus aux armées. Celles-là, plus encore que toutes les autres, ont droit à notre hommage et à notre réconfort, car elles n'ont pas même l'espoir de revoir ceux qui furent leurs compagnons de travail et cependant elles ont continué leurs travaux en souvenir d'eux pour leurs enfants et pour le pays[242]. »

L'entre-deux-guerres : les femmes, une variable d'ajustement ?

Les hommes doivent retourner au travail,
les femmes retrouver leurs tâches[243].

Dès le mois de novembre 1918, il est demandé aux femmes de retourner à leurs occupations d'avant-guerre et à leur ménage. L'image véhiculée par les journaux féminins de l'époque est celle de la mère au foyer, prête à repeupler la nation. L'émancipation féminine est néanmoins sur la voie et s'exprime par la figure de la garçonne. La paix revenue, la filière viticole retrouve ses stéréotypes liés au genre ; elle ne les avait en réalité jamais perdus. Les femmes sont reléguées aux tâches secondaires dans lesquelles elles avaient toujours été cantonnées. Leur emploi dans la vigne redevient flexible et est de nouveau considéré comme un travail d'appoint. La durée de travail ouvrier viticole est modulable même si des durées maximales de travail sont instituées pour l'industrie et le commerce. La loi du 9 août

242. *https ://www.archivesdepartementales.puy-de-dome.fr/n/l-evolution-du-travail-des-femmes/n: 126*

243. Extrait de l'entretien d'Antoine FLANDRIN avec Françoise THÉBAUD, auteure des *Femmes au temps de la guerre de 14*, pour *Le Monde*, 7 mars 2014.

1921 restreint même l'accès des femmes à l'enseignement agricole : celui-ci ne sera désormais possible que *dans des écoles d'agriculture spécialement réservées aux jeunes filles.* Les normes de transmission d'avant-guerre, qu'elles concernent un patrimoine matériel, un savoir-faire ou un statut, reprennent le dessus : elles sont faites d'homme à homme ; elles sont organisées par les hommes. Absentes des sociétés viticoles, les femmes sont peu représentées dans les instances syndicales, éloignées de toute littérature professionnelle, et elles perçoivent toujours un salaire inférieur.

Elles sont désormais mises en scène pour assurer la vente de produits destinés à la filière viticole : elles en vantent les facilités d'utilisation, justifiant ainsi le préjugé selon lequel elles n'ont ni compétences ni formation. Les femmes sont aussi utilisées lors des innombrables opérations promotionnelles des vins : reine des Vendanges, reine des Fêtes du Vin... Un comité national féminin de propagande pour les vins de France est ainsi créé en 1932. Il s'agit, en réalité, d'un début d'objectification de la figure féminine en lien avec l'imaginaire et les fantasmes masculins. Cette période annonce le stéréotype de la femme-objet conçue pour la publicité ou les opérations promotionnelles. Dans *Les Femmes et la Vigne,* Jean-Louis Escudier rapporte le compte rendu publié dans la *Revue de viticulture* lors de la première fête des Vins de Mâcon (13 août 1933) : « Mlle Paulette Martin, de Beaune, à laquelle s'étaient jointes une bonne centaine de jeunes vigneronnes de Chablis, de Sologne, d'Anjou, de Touraine, de Gascogne, du Languedoc, d'Alsace, de Champagne, de Bordeaux, toutes plus jolies les unes que les autres ; on assista à un défilé d'une rare saveur [...]. Une coupe débordante de jeunes filles capiteuses arrache à la foule des exclamations joyeuses. » Jean-Louis Escudier poursuit : « Nulle implication professionnelle à la filière vitivinicole n'est requise pour concourir ; le choix du jury est uniquement dicté par le charme et la candeur des candidates[244]. » On est en droit de se demander s'il s'agit d'une fête du vin ou d'autre chose...

Enfin, les femmes pâtissent d'une discrimination alimentaire : lors des journées de travail dans la vigne, elles sont privées d'aliments coûteux tels fromage ou viande, servis aux hommes ; elles doivent se contenter d'aliments maigres. La justification d'un tel régime repose sur le raisonnement fallacieux suivant : les ouvrières viticoles ne pratiquent pas d'activités intenses et ont donc des besoins nutritifs moindres. En réalité, les travaux qu'elles exécutent dans les vignes sont pénibles et consommateurs de calories.

Seconde Guerre mondiale : les femmes instrumentalisées ?

> *Pour la généralité des travaux agricoles faits par la main-d'œuvre féminine, le rendement du travail salarié des femmes dépassant la moitié du rendement du travail accompli par la main-d'œuvre masculine, il paraîtrait logique que le salaire des femmes ne soit plus basé sur la moitié du salaire gagné par les hommes mais calculé sur les deux tiers et qu'à travail égal, il leur soit alloué un salaire égal*[245].

Si, lors du conflit précédent, les femmes furent la seule solution possible pour la survie de la filière viticole, ce n'est plus d'actualité : la politique nataliste du régime de Vichy amplifie les différences de genre. L'Alliance nationale pour l'accroissement de la population française et son président Fernand Boverat[246] proposent une politique d'incitation à avoir des enfants en généralisant les allocations familiales et les allègements fiscaux aux familles nombreuses. Si la mère de famille au foyer devient la plus méritante des travailleuses

244. Jean-Louis ESCUDIER, *Les Femmes et la Vigne, op. cit.*, p. 174.

245. Proposition d'Irénée Denat, secrétaire des syndicats d'ouvriers agricoles de l'Aude. Cité par Jean-Louis ESCUDIER, *op. cit.*, p. 219.

246. Militant nataliste français (1885-1962).

et gagne ainsi toute légitimité, son corollaire est que la femme sans enfant qui travaille n'est ni méritante ni légitime. Au cours de cette période, le travail des femmes s'inscrit uniquement en complément de l'activité principale qui est la sphère domestique. La filière viticole cesse de faire appel à elles : en vertu de la loi du 31 décembre 1941, elle réquisitionne les chômeurs et les hommes ne pouvant justifier d'une activité professionnelle.

Le service du travail obligatoire, mis en place dès 1943 et ne concernant que les hommes, met un arrêt à toutes les mesures de limitation du travail salarié féminin, en particulier dans le secteur agricole. De même qu'au cours du premier conflit mondial, les femmes s'impliquent dans tous les travaux viticoles. À la fin de la guerre, le bilan est négatif pour toutes les viticultrices improvisées : « Une sollicitation accrue sans reconnaissance salariale, sans perspective de formation susceptible d'améliorer leur position professionnelle, une partition des tâches viticoles les excluant des fonctions un tant soit peu rémunératrices, un emploi encore plus intermittent que par le passé et, enfin, des relations de couple profondément inégalitaires[247]. »

L'époque contemporaine III : éducation et formation. Égalité des chances pour les femmes ?

En 2009, sur les terres d'un fleuron de la viticulture mondiale, le château d'Yquem à Sauternes, les ouvrières sont aussi nombreuses que les ouvriers à travailler la vigne mais l'organisation du travail repose sur un strict partage des tâches selon le genre[248].

247. Jean-Louis ESCUDIER, *op. cit.*, p. 223.

248. *Ibid.*, p. 298-299.

La fin de la Seconde Guerre mondiale apporte un lot de changements économiques et sociaux qui se répercutent sur la condition des femmes. En premier lieu, le droit de vote leur est enfin accordé le 5 octobre 1944 ; la Constitution de la IVe République (27 octobre 1946) « garantit à la femme, dans tous les domaines, des droits égaux à ceux de l'homme [249] ». Les référents culturels demeurant néanmoins traditionnels en cette période post-guerre de forte natalité ; les femmes sont avant tout des mères au foyer.

De 1946 à 1970

> *En ville, elles s'en vont tous les matins, bien arrangées. Nous, on part avec des chiffons, on revient avec des chiffons, on est crevées. Mais la vigne, c'est la liberté. Si vous allez chez un patron, vous avez des réflexions tout le temps. Plutôt que faire des ménages, je préfère encore mes vignes. J'ai l'indépendance. Mais c'est vrai aussi que nous sommes lésées. On est là, on travaille et on ne ramène rien vraiment. Il n'y a pas de salaire [...]* [250].

Même si la filière viticole doit adopter certaines réformes égalitaires, elle demeure l'une des dernières à modifier sa vision des femmes. L'enseignement agricole proposé alors est d'ailleurs plus orienté vers les travaux ménagers, la cuisine ou la couture que vers l'agriculture. Ces cours ne comportent aucune formation à la viticulture ou à la vinification : « Le vignoble est pour [les femmes] un territoire de

249. *https://www.conseil-constitutionnel.fr/le-bloc-de-constitutionnalite/preambule-de-la-constitution-du-27-octobre-1946*

250. Nicole CHASTANIER, Nelly DUMAS, « Il était une fois... les viticultrices », *Sud, l'hebdomadaire du Languedoc*, n° 138, p. 11-17. novembre 1978, p. 20, cité par Jean-Louis ESCUDIER dans *Les Femmes et la Vigne, op. cit.*, p. 231.

travail et non un territoire de compétences[251]. » La finalité de cet enseignement ménager, qui n'a d'agricole que le nom, ne destine pas les femmes à des carrières professionnelles telles quelles sont envisagées pour les hommes, mais bien à s'occuper de leur foyer. Certes, elles sont toujours employées dans les vignobles lors des moments forts ; cette mobilisation ponctuelle ne met nullement en question la discrimination qu'elles subissent dans la filière ; elle tend plutôt à asseoir le refus masculin de reconnaître leurs compétences. Le préjugé de genre est également doublé d'une réflexion sur la concurrence que les femmes pourraient faire aux hommes ainsi que du risque de les voir refuser la domesticité. Il faut attendre les années 70 et l'introduction de la mixité dans les établissements agricoles pour qu'on leur permette d'accéder aux mêmes formations qualifiantes que celles des hommes et qu'on leur garantisse l'acquisition des techniques et des savoirs viticoles.

La disparité des traitements homme-femme devient illégale lors de l'instauration en 1950 du salaire minimal interprofessionnel garanti ; dans les années 70, l'égalité professionnelle et salariale ainsi que le statut des épouses dans les exploitations viticoles familiales obtiennent une base juridique grâce à l'instauration de conventions collectives.

Si les conditions socioéconomiques des travailleuses connaissent une nette amélioration, leur nombre ne cesse de décroître en raison de la mécanisation nouvelle des travaux viticoles. Accaparée par une main-d'œuvre masculine, la mécanisation génère un nouveau type de ségrégation : l'utilisation du tracteur et d'autres outils est réservée aux seuls hommes. Si cette mécanisation entraîne une réorganisation du travail efficace en éliminant les tâches les plus lourdes, elle perpétue la division sexuée du travail et les femmes n'en bénéficient

251. Jean-Louis Escudier, « La résistible accession des femmes à l'acquisition des savoirs viticoles 1950-2010 », revue *Pour,* vol. 222, n° 2, 2014, p. 127-134.

pas. Elle restreint davantage leur participation à certains travaux et en supprime d'autres tel que le ramassage des sarments[252]. La dévalorisation du travail viticole féminin est à son apogée ; les femmes sont plus que jamais invisibles, inexistantes d'un point de vue statistique, réduites à leur seule composante biologique.

Élisabeth, Carol, Marcelle : vigneronnes !

[…] Je ne pense pas qu'il y ait une façon féminine ou masculine de faire du vin. Être consciencieux, avoir l'amour de son métier, ça n'est pas lié à un sexe[253].

Élisabeth Law de Lauriston-Boubers (1899-1977), veuve de Jacques Bollinger, assume, en pleine occupation allemande, la direction de la maison Bollinger, fondée en 1829 à Aÿ. Elle consacre alors toute son énergie à l'entreprise familiale, et, dès la Libération, elle entreprend de faire connaître les vins de la maison dans le monde entier. Elle crée deux cuvées spéciales : la cuvée Bollinger R. D. en 1967 ainsi que la cuvée Vieilles Vignes françaises en 1969.

Carol Duval-Leroy, née en 1955 à Bruxelles, veuve en 1991, s'engage dans la maison de champagne Duval-Leroy, fondée en 1859. Formée sur le tas, épaulée par l'équipe restée en place, elle

252. Jean-Louis ESCUDIER, *Les Femmes et la Vigne*, *op. cit.*, p. 238.

253. Laureen BAILLETTE, vigneronne en Champagne, membre de l'association les Fa'bulleuses ; propos recueillis par Antoine BRÉARD, « La voix des vigneronnes », *Les Confettis*, vol. 7, 4 septembre 2023 ; ***https://ww.lesconfettis.com/femmes-vigneronnes-temoignages/***

introduit de nouvelles stratégies : biocontrôle des vignes, biodiversité, principes de développement durable dans l'élaboration du champagne, gestion écologique des déchets, arrêt des relations commerciales avec la grande distribution, etc.[254]. Elle crée la cuvée Femme de Champagne en 2000, fruit de sa collaboration avec Sandrine Logette-Jardin, cheffe de cave de Duval-Leroy. Cette dernière rappelle d'ailleurs que dans les années 80 et 90, une femme œnologue ne pouvait aspirer qu'à un poste de laboratoire. Une femme dans les caves, ça n'existait pas[255] !

Marcelle Bize-Leroy, née en 1932, reprend l'affaire familiale bourguignonne en 1955. De 1974 à 1992, elle codirige avec Aubert de Villaine le prestigieux domaine de La Romanée-Conti et le convertit à la viticulture biologique. Convaincue des bienfaits de la biodynamie, elle en introduit les principes en Bourgogne. Pionnière du rendement limité, elle ne produit jamais plus de quinze à vingt hectolitres par hectare de vigne. Son domaine, le domaine Leroy, offre aujourd'hui neuf grands crus, huit premiers crus et huit appellations Villages.

254. Propos cités par Jennifer MATAS, « Une vie effervescente dans le champagne », *Les Échos Entrepreneurs,* 24 janvier 2023 ; *https://entrepreneurs.lesechos.fr/creation-entreprise/idees-success-stories/carol-duval-leroy-une-vie-effervescente-dans-le-champagne-2037903*

255. Propos cités par Valérie FAUST, « Sandrine Logette, chef de cave de Duval-Leroy : le champagne, ce n'est pas magique, c'est mathématique », *Le Figaro Vin,* 12 janvier 2012.

Fin du XXe siècle : début de féminisation de la filière viticole

Autant les viticulteurs admettent la féminisation des créneaux du marketing et du commercial, autant, aux yeux de certains, la vigne relève encore du domaine réservé du genre masculin [256].

Condition d'égalité éducative, d'opportunité professionnelle et de brassage social, la massification d'un enseignement mixte transforme la viticulture et participe à une réduction des discriminations liées au genre. Les filles accèdent désormais à l'enseignement supérieur. Les connaissances en matière viticole peuvent également être obtenues par de multiples canaux et par des réseaux non institutionnels qui constituent un levier puissant. Ils confirment une rupture avec le mode traditionnel de transmission endogène, réservé aux seuls hommes. Presse professionnelle non genrée, salons, regroupements de vigneronnes participent à la diffusion des savoirs viticoles dont les femmes bénéficient. Même si la mixité n'a pas permis la suppression de toute forme de ségrégation entre les sexes, si elle suscite aujourd'hui des débats quant à son efficacité pour atteindre l'égalité professionnelle, elle demeure, pour les femmes, le point d'entrée dans la filière viticole et l'accès à des métiers dits masculins tels que l'œnologie et la sommellerie.

256. Jean-Louis ESCUDIER, *Les Femmes et la Vigne*, *op. cit.*, p. 319.

Les nouvelles Aliénor, premier collectif de femmes en viticulture

Les années 60 voient naître des collectifs d'agricultrices, soutenues et accompagnées par les mouvements féministes. Ces groupements se multiplient dès la fin du XXe siècle et le début du suivant. Lieux de sociabilité, d'échanges, ils sont aussi des espaces de revendication.

Créée à l'initiative de Françoise de Wilde, alors propriétaire du château Ripeau (grand cru classé de Saint-Émilion), la première association historique française de femmes travaillant dans la filière viticole naît en 1994 : Les Aliénor du vin de Bordeaux. Cette association a pour but « la promotion par chaque sociétaire, ainsi que la mise en avant et la reconnaissance du travail des femmes dans la gestion de crus bordelais. Des femmes nées dans le vignoble de Bordeaux ou ayant été adoptées par celui-ci[257]. » Cette association promeut l'échange, la réflexion et l'entraide sur les pratiques professionnelles.

Forts de cet exemple, d'autres collectifs de femmes de la vigne et du vin voient le jour en France : les Éléonore de Provence, créées en 2008 ; les DiVINes d'Alsace, créées en 2011 ; les Fa'bulleuses de Champagne, créées en 2014 ; les Dames de Cœur de Loire, créées en 2015.

Le monde n'est pas en reste : Le Donne del Vino, créée en 1988 en Italie ; Women of the Vine & Spirit, créée en 2008 aux États-Unis ; Asociación de Mujeres del Vino, créée en 2013 en Espagne ; Women in Wine, créée en 2015 au Royaume-Uni, etc. Regroupant vigneronnes, cavistes, sommelières, œnologues, commerciales, dégustatrices, ces associations impulsent une vision nouvelle de la filière viticole où savoir-faire, respect et qualité des produits et de l'environnement vont de pair avec entraide, solidarité, égalité et inclusion. Le retour de Geshtin[258], ou de Déméter ?

Vin, alcool : indices de l'égalité hommes-femmes ?

Peu à peu, en émergence avec le développement du mouvement de la libération des femmes mais aussi car elles constituaient un marché potentiel, les femmes sont devenues progressivement des consommatrices de vin[259].

La consommation de vin par les femmes en France suit une évolution assez remarquable au cours du XXe siècle du fait de représentations différenciées. Ainsi, au tout début du siècle, boire du vin pour les hommes est un comportement familier car révélateur de leur masculinité et de leur sociabilité. *A contrario*, la consommation de vin par les femmes n'est pas « normale » car en contradiction avec leur rôle d'« ange gardien du foyer ». Elle est également considérée comme un danger pour la famille du fait des comportements transgressifs, licencieux qui peuvent en découler : les femmes doivent demeurer sobres.

Cette injonction de comportement nourrit le stéréotype d'une sobriété naturelle à la femme – conception opposée à celle de l'Antiquité gréco-romaine — inhérente à sa féminité alors que la consommation de vin par les hommes est considérée comme un acte viril. « Cette opposition classique entre acquis (devenir homme) et

257. *https://www.bordeaux-lesalienor.fr*

258. Geshtin ou Geshtinanna, déesse du Vin pour les Mésopotamiens. *Cf.* Jean-Jacques GLASSNER, « Les dieux et les hommes. Le vin et la bière en Mésopotamie ancienne », *in* Dominique FOURNIER, Salvatore D'ONOFRIO, *Le Ferment divin*, éditions de la Maison des sciences de l'homme, Paris, 1991, p. 127-146 ; *http://books.openedition.org/editionsmsh/2416*

259 Carmela MALTONE, Maylis SANTA-CRUZ, « Le Vin. Quand les femmes s'en mêlent », *Grappes & Millésimes,* Presses universitaires de Bordeaux, Pessac, 2019, p. 16.

inné (sobriété naturelle) est l'illustration parfaite des relations de genre du type dominants-dominées[260]. »

La seconde moitié du XXe siècle offre une perception opposée. Le critère d'une masculinité renforcée par la consommation de vin a disparu et aurait même tendance à s'inverser, devenant un signe de faiblesse et d'absence de maîtrise de soi. Pour les femmes et par opposition, la consommation de vin devient un signe d'indépendance, d'assurance et de confiance en soi.

Lancé en 2000 dans le but de comparer les évolutions de consommation dans le monde entre les hommes et les femmes, le projet international Genacis[261] *(Gender, Alcohol and Culture, an International Study)* a permis de dégager que « plus l'égalité des sexes est respectée dans un pays, moins il y a de différences de consommation d'alcool entre les hommes et les femmes[262] ». Autre conclusion de cette recherche, la consommation de vin suit le niveau d'éducation chez les femmes, en particulier pour les générations des années 50 à 70 : *les plus diplômées consomment le plus.* Chez les hommes, la proportion est inversée : les moins diplômés boivent le plus. Ces résultats confirment l'effet émancipateur : niveau d'éducation élevé et consommation de vin semblent aller de pair. Ils confortent l'hypothèse qu'une certaine indépendance économique et sociale est associée à l'affranchissement des représentations et des codes de conduite traditionnels : « Nous pouvons émettre l'hypothèse que, dans une certaine mesure et dans certains contextes, l'élévation du niveau professionnel des femmes tend à rapprocher leur consommation d'alcool de celle des hommes[263]. » Une interprétation de ce phénomène est la socia-

260. François BECK, Stéphane LEGLEYE, Gaël DE PERETTI, « L'alcool donne-t-il un genre ? », *Travail, Genre et Sociétés*, vol. 15, n° 1, éditions La Découverte, 2006, p. 141-160.

261. *https://med.und.edu/research/genacis/index.html*

262, 263 et 264. *Ibid.*

bilité traditionnellement masculine de certains métiers à haut niveau de responsabilité, de qualification et de rémunération, désormais exercés par les femmes.

Pour les générations suivantes, la différence est minime voire inexistante[264]. On peut même évoquer une modernisation du concept de consommation du vin. Dans leur ouvrage, *Le Vin. Quand les femmes s'en mêlent, Dialogues entre cultures,* Carmela Maltone et Maylis Santa-Cruz tirent d'ailleurs la conclusion suivante : « Si, pour les hommes, le vin est un marqueur social, pour les femmes, dans toutes les cultures, il est avant tout l'expression de la convivialité, un medium de la sociabilité, en somme un art de vivre. » Ces dernières manifestent d'ailleurs un intérêt autre que gustatif pour le vin. Elles s'informent, s'initient et sont de plus en plus nombreuses à s'inscrire aux différentes formations offertes dans la plupart des pays viticoles. La journaliste et critique britannique Jancis Robinson livre les pourcentages suivants de femmes, toutes formations confondues[265] : 35 % en 2010, 44,3 % en 2015, 44,62 % en 2020. Les chiffres du WSET[266] sont sans doute les plus révélateurs : sur 100 000 étudiants dans le monde en 2020, les femmes sont un peu plus de la moitié[267].

---

265. Statistiques fournies par les établissements suivants : WSET, Institute of Masters of Wine, US Court of Master Sommeliers, European Court of Master Sommeliers, Plumpton College (Royaume-Uni), Université de Bordeaux, Kedge Business School (Bordeaux), Geisenheim (viticulture et œnologie, Allemagne), Weinakademie (Autriche), Cornell University (New York), University of California, Fresno State (États-Unis), Sonoma State University, Brock University (Canada), George Brown College (Canada), University of Adelaide (Australie), Charles Sturt University (Australie), Lincoln University (Nouvelle-Zélande), Eisenburg College (Afrique du Sud), Stellenbosch University (Afrique du Sud), Académie du Vin (Japon), Caplan Japon, Japan Sommelier Association.

266. Wine & Spirit Education Trust, organisme international qui propose des formations qualifiantes en vins et spiritueux.

267. Jancis ROBINSON, « Where have women got to in wine ? » 8 mars 2021 ; *https://www.jancisrobinson.com/articles/where-have-women-got-wine*

Les clichés sexistes dans le langage du vin. Un arrière-goût de patriarcat[268] ?

Le vin n'est pas personnifié par une femme, mais par un morceau de femme, un corps morcelé, chosifié, très symptomatique d'une vision masculine hétéronormée[269].

Le sexisme de la filière viticole s'est longtemps manifesté dans le langage utilisé pour décrire le vin : les métaphores anthropomorphiques y sont nombreuses ; ce qu'il est convenu d'appeler « les mots du vin » fait appel à des figures de style ou à des expressions dans lesquelles le corps des femmes est réduit à un objet. Il s'agit là d'une violence des plus sournoise à leur égard : limitées à leur anatomie, elles sont niées dans leur existence. Cette objectification se traduit par l'attribution de caractéristiques prétendument féminines au vin et par sa comparaison avec la morphologie des femmes : certains vont parler du *corsage* du vin pour tenter d'évoquer finesse, délicatesse traditionnellement associées à la féminité. « D'un vin souple où le moelleux l'emporte sur le tannin on dit qu'il a de la cuisse ou de la fesse […]. Le vin peut être sensuel, voluptueux, séducteur et la bouteille de vin, transformée en femme, reçoit des dénominations diverses : la fillette (petite bouteille d'une contenance de trente-cinq centilitres), la dame-jeanne, la demoiselle (équivalente à deux fillettes), la marie-jeanne (trois litres)[270] […]. » Dans son étude

268. Titre d'un article d'Ophélie NEIMAN, « Vin : un arrière-goût de patriarcat », *Le Monde,* 12 mai 2022, *https://www.lemonde.fr/m-perso/article/021/06/27/vin-un-arriere-gout-de-patriarcat_6085898_4497916.html?random=146092816*

269. Sandrine GOEYVAERTS, citée par Ophélie NEIMAN, *ibid.*

270. Mercedes EURRUTIA CAVERO, « Sémantisme autour du vin : représentations symboliques et lexiculturelles », *Anales de Filologia Francesa,* n° 18, Universidad de Murcia, Espagne, 2010.

Sémantisme autour du vin : Représentations symboliques et lexiculturelles[271], Mercedes Eurrutia Cavero révèle que « de nombreux linguistes pensent que l'emploi presque systématique de ces figures de style handicapent les dégustateurs ». Au-delà du handicap, ces métaphores anthropomorphiques sont inutiles et délétères. Elles n'apportent aucune information à l'analyse sensorielle des vins.

La perception des odeurs et le toucher restent souvent à un niveau infraverbal : nos capacités sensorielles peuvent enregistrer « bien plus d'informations que ne peuvent en traiter les capacités conceptuelles centrales[272] ». Il en résulte une difficulté à restituer de manière précise et exacte une expérience olfactive ou sapide ; la méconnaissance d'un vocabulaire adapté exacerbe cette difficulté. La dégustation professionnelle utilise habituellement un lexique normalisé où les métaphores anthropomorphiques n'entrent pas en jeu, car elles excèdent les propriétés organoleptiques du vin et s'en affranchissent totalement. Elles relèvent plus d'un jeu de langage fabriqué sur les stéréotypes liés au genre. L'utilisation de ces stéréotypes caricaturaux perpétue par ailleurs une vision traditionnelle fondée sur la hiérarchisation homme-femme. Elle est l'indication que l'univers du vin prête encore aux femmes des attributs, des caractéristiques et des rôles liés uniquement à leur sexe. Puissance contre délicatesse, masculin contre féminin sont l'expression d'une vision réductrice et uniformisante ainsi que la manifestation d'une stratégie de contrôle. Le vin n'a pas de genre.

271. *Ibid.*, p. 190.

272. Dan SPERBER, Deirdre WILSON, *La Pertinence. Communication et Cognition,* éditions de Minuit, Paris, 1989, p. 78.

Les femmes, nouvelles consommatrices

Extrait de *Le Vin. Quand les femmes s'en mêlent*[273] :

« L'analyse de l'iconographie des publicités du Syndicat interprofessionnel des Vins de Bordeaux des années 1950 à nos jours est évocatrice de la place accordée aux femmes. Dans les années 1950, le consommateur de vin de Bordeaux est un homme, seul, connaisseur, d'un certain âge, marié et *a priori* de catégorie socioprofessionnelle élevée. Dans les années 1980, l'image de la femme apparaît. Le nœud papillon est au centre du processus publicitaire d'alors. La femme n'est ici qu'un objet de raffinement parmi d'autres : la femme nœud papillon, la femme bouteille, femme et vin sont ensemble et de façon imbriquée, objet de plaisir et d'ivresse. La femme est le vin. Dans les années 2000 surgit l'image du couple : un couple mis en situation de séduction. La femme souvent en position plus basse que l'homme apparaît comme un objet à séduire et le vin le moyen de cette séduction. Il faut attendre le tournant du XXIe siècle pour que les femmes, et non plus "la" femme apparaissent. »

273. Carmela MALTONE, Maylis SANTA-CRUZ, *op. cit.*, p. 16.

CHRONOLOGIE[274]

Paléolithique

Paléolithique inférieur : 2 millions d'années–300000 av. J.-C.

Paléolithique moyen : 300000–40000 av. J.-C.

Paléolithique supérieur : 40000–9600 av. J.-C.

Nomadisme et activités de chasseurs-cueilleurs.

Mésolithique : 9600–6000 av. J.-C.

Néolithique : 6000–2300 av. J.-C.

Sédentarisation et apparition de l'agriculture et de l'élevage. Début de la viticulture pour les besoins du groupe. Activité dévolue aux femmes ?

Âge du bronze : 2300–800 av. J.-C.

Bronze ancien : 2200–1600 av. J.-C.

Bronze moyen : 1600–1350 av. J.-C.

Bronze final : 1350–800 av. J.-C.

Âge du fer : 800–50 av. J.-C.

Antiquité : 50 av. J.-C.–476 de notre ère

Moyen Âge : 476–1500

Époque moderne : 1500–1789

Époque contemporaine : de 1789 à nos jours

Civilisations anciennes du vin

Période allant de l'invention de l'écriture vers 3400 av. J.-C. jusqu'à la chute de l'Empire romain d'Occident en 476 de notre ère.

---

274. Institut national de recherches archéologiques préventives (INRAP).

Mésopotamie[275] : environ 3400 av. J.-C.–198 de notre ère

Période d'Uruk : 3400–2900 av. J.-C.

Épopée de Gilgamesh, roi qui aurait régné à Uruk vers 2650 av. J.-C.

Dynasties archaïques sumériennes : 2900–2340 av. J.-C.

Empire d'Akkad : 2340–2180 av. J.-C.

Néo-Sumériens : 2180–2004 av. J.-C.

Période paléobabylonienne : 2400–1595 av. J.-C.

Création du premier Empire babylonien par Hammourabi.

Période mésobabylonienne : 1595-1080 av. J.-C.

Période néoassyrienne : 910–609 av. J.-C.

Période néobabylonienne : 620–539 av. J.-C.

Règne de Nabuchodonosor II et apogée de Babylone.

Période perse achéménide : 539–331 av. J.-C.

La Mésopotamie est absorbée par l'Empire perse (roi Cyrus II).

Période grecque séleucide : 331–140 av. J.-C.

Conquête de l'Empire perse par Alexandre le Grand ; dirigé ensuite par l'un de ses diadoques, Séleucos, et ses descendants.

Empire parthe (scythe) : 140 av. J.-C.–224 de notre ère

Empire sassanide : 227–636

Mésopotamie du Nord, province romaine : 198

Égypte[276] : environ 3300–30 av. J.-C. (annexion de l'Égypte par les Romains)

Période prédynastique : 3300-3000 av. J.-C.

Période thinite, dynasties I et II : 3000-2500 av. J.-C.

Unification de l'Égypte.

275. Samantha BARRETO, « Mésopotamie : les grandes périodes de son histoire » *in Civilisation, GEO Magazine,* publié le 08/07/2019, mis à jour le 02/12/2020 ; *https://www.geo.fr/histoire/mesopotamie-les-grandes-periodes-de-son-histoire-196460*

276. *https://anticopedie.fr/mondes/egypte-fr/egypte-dates.html*

Ancien Empire, dynasties IV à VI, règnes de Djeser, Houni, Snefrou, Kheops, Khephren, Mykerinos, Ouserkaf, Pépi II, Nitokris : 2635-2150 av. J.-C.

Première période intermédiaire, dynasties VII à XI : 2150–2022 av. J.-C.

Effondrement de l'empire et période de chaos.

Moyen Empire, dynasties XI et XII : 2030-1785 av. J.-C.

Deuxième période intermédiaire, dynasties XIII à XIV : 1785–1550 av. J.-C.

Nouvel éclatement de l'empire en de nombreux États.

Nouvel Empire, dynasties XVIII à XX, règnes d'Amenhotep, Thoutmôsis, Hatshepsout (femme pharaon), Akhenaton, Toutânkhamon, Horemheb, Ramsès, Séthi : 1550-1069 av. J.-C.

Troisième période intermédiaire, dynasties XXI à XXIV : 1080-664 av. J.-C.

Règne des dynasties libyennes dans le delta ; influence des Nubiens en Haute-Égypte.

Basse époque, dynasties XXVI à XXX : 667-332 av. J.-C.

Période d'instabilité et d'invasions.

Égypte hellénistique, dynastie macédonienne/lagide (ptolémaïque) : 330–30 av. J.-C.

Égypte romaine : 30 av. J.-C.–395 de notre ère

Civilisation minoenne (Crète)[277] : 2700-1450 av. J.-C.

Âge du bronze–début de l'Helladique et du Minoen ancien : 2700 av. J.-C.

Construction des premiers palais minoens : 2100–1700 av. J.-C.

Explosion du volcan de Santorin, fin de la civilisation minoenne : vers 1600 av. J.-C.

Occupation de la Crète par les Mycéniens : vers 1450 av. J.-C.

Civilisation mycénienne (Péloponnèse)[278] : 1650–1100 av. J.-C.

Arrivée des Mycéniens en Grèce : 1650 av. J.-C.

Apogée de la civilisation mycénienne : 1400-1200 av. J.-C.

Guerre de Troie

277. *https://anticopedie.fr/mondes/mondes-fr/grece-dates.html*

278. *Ibid.*

1100 av. J.-C. : siècles obscurs

Arrivée des Doriens en Grèce.

Grèce antique : 750–146 av. J.-C.

Période archaïque : 750–480 av. J.-C.

Cités-États, réformes de Solon, naissance de la démocratie vers 508 av. J.-C.

Période classique : 480–323 av. J.-C.

Mort d'Alexandre le Grand en 323 av. J.-C.

Période hellénistique : 323–146 av. J.-C.

Grèce, province romaine : 146 av. J.-C.

Rome[279] : 753 av. J-C.–476 de notre ère

Fondation de Rome : 753 av. J.-C.

Rois étrusques : 616–509 av. J.-C.

République romaine : 509 av. J.-C.–27 av. J.-C.

Guerres samnites, contre Pyrrhus, puniques, guerre des Gaules, assassinat de Jules César, bataille d'Actium.

Empire romain : 27 av. J.-C.–476 de notre ère

Germanie province impériale, destruction de Jérusalem.

Extension maximale de l'Empire romain : 117.

Adoption du christianisme par Constantin Ier : 313.

Constantinople capitale de l'Empire : 330.

Christianisme religion d'État et interdiction du paganisme : 392.

Partage de l'Empire romain entre empire d'Occident et d'Orient : 395

Chute de l'Empire romain d'Occident : 476

Moyen Âge : 476–1492 (découverte de l'Amérique par Christophe Colomb)[280]

Premier Moyen Âge (haut Moyen Âge) : Ve–Xe siècle (476–fin 900)

---

279. *https://anticopedie.fr/mondes/mondes-fr/rome-dates.html*

280. Selon les historiens, la fin de cette période se situe en 1492 (découverte de l'Amérique), en 1453 (chute de l'Empire romain d'Orient) ou en 1481 (mort de Louis XI).

Moyen Âge classique : XIe–XIIIe siècle (1000–1200)

Second Moyen Âge (bas Moyen Âge) : XIVe–XVe siècles (1300–1492)

Chute de l'Empire byzantin en 1453.

Temps modernes : 1492–1789

Découverte de l'Amérique par Christophe Colomb : 1492.

Renaissance : 1400–1600.

Période de transition entre Moyen Âge et Temps modernes.

Époque contemporaine : 1789-2023

Révolution française : Déclaration des droits de la femme et de la citoyenne.

XIXe siècle : code Napoléon, Révolution industrielle, mutation.

XXe siècle : guerres mondiales, construction de l'Union européenne.

XXIe siècle : quatrième révolution industrielle.

CHAPITRE V

Œnopsychologie : cinq leçons

Aucune autre industrie n'a résolument exclu les femmes des postes décisionnels pendant si longtemps[281].

Partant du constat que les règles sociétales et juridiques, voire les superstitions, empêchèrent les femmes d'occuper certains métiers au cours de nombreux siècles, il est intéressant d'en dégager les raisons initiales. Qu'il s'agisse du Vieux Monde ou du Nouveau, toutes les étapes, de la production à la consommation du vin, furent – et sont parfois encore — teintées de considérations liées aux notions de genre. Ces différences menèrent à l'exclusion et à l'invisibilisation des femmes. Ces considérations nous ramènent dans le passé et sont vraisemblablement liées à ce que l'anthropologue et ethnologue Françoise Héritier[282] nomme des *butoirs pour la pensée*[283]. Ces butoirs auraient conduit au contrôle de la reproduction et de la production ; un des moyens fut la mise sous tutelle des femmes. Vigne et vin en sont l'illustration.

---

281. Ann B. Matasar, *Women of Wine. The Rise of Women in the Global Wine Industry,* University of California Press, USA, 2010, p. 1 (traduit de l'anglais).

282. Anthropologue, ethnologue, militante féministe française (1933-2017).

283. Françoise Héritier-Augé, Pascale Molinier, « La valence différentielle des sexes, création de l'esprit humain archaïque », *Nouvelle Revue de psychosociologie,* 17, p. 167-176, 2014 ; *https://doi.org/10.3917/nrp.017.0167*

Raison 1 : le contrôle de la reproduction. Mise en place de la *contrainte*

En 1981, Françoise Héritier parle pour la première fois de ce qu'elle nomme « la valence différentielle des sexes[284] » qui place le masculin au centre de tout et fait de la prévalence sociale de l'homme sur la femme une règle universelle. Cette prévalence sociale serait donc née de la constatation de l'impossibilité physique pour les mâles, de toute espèce, de *produire* des enfants alors que les femelles le peuvent pour les deux sexes : « Le résultat de cette observation a été la création, dans les temps archaïques, d'un modèle de pensée selon lequel les hommes mettaient les enfants dans le corps des femmes, que le corps des femmes était mis à leur disposition par les dieux, par les ancêtres ou par les génies, pour que eux justement puissent se reproduire à moindre frais, sans souffrance et sans problème ; et donc qu'il fallait qu'ils s'approprient des corps de femmes[285]. » Pour Françoise Héritier, il ne fut vraisemblablement pas question, au départ, pour les hommes de gagner un quelconque avantage mais bien de donner un sens à cette observation : « Donner du sens, cela se fait sans violence, et c'est un point de vue partagé par l'un et l'autre sexe [286]. » La reproduction n'est pas que biologique ; elle est aussi sociale et idéologique. Elle aurait ainsi conduit peu à peu à l'appropriation de l'outil de reproduction, c'est-à-dire le corps des femmes, et à leur subordination conséquente. Le contrôle par l'optimisation de l'union aurait créé *l'institution du mariage* afin de rendre *l'union*

---

284. Françoise HÉRITIER-AUGÉ, *L'Exercice de la parenté,* Gallimard/Le Seuil, Paris, 1981.

285. Françoise HÉRITIER-AUGÉ, PASCALE MOLINIER, *La Valence différentielle des sexes, création de l'esprit humain archaïque, op. cit.*, p. 173.

286. *Ibid.*, p. 174.

durable entre lignages et […] entre deux individus. Les avantages nés de cette vision du monde pour les hommes, mais aussi leurs incertitudes autour de la paternité, auraient participé à l'établissement de la contrainte et de règles de vie imposées aux femmes.

Extrait de *La Valence différentielle des sexes, création de l'esprit humain archaïque*

Entretien de Françoise Héritier-Augé, anthropologue, et Pascale Molinier, professeure de psychologie.

« Avec l'établissement de la contrainte vont se mettre en place trois grandes règles assorties d'une quatrième qui fait ligature. La première décrète l'impossibilité pour les femmes de décider de leur propre sort : qui sera leur époux, le nombre d'enfants qu'elles auront. Dans certains pays, dans certaines régions, une femme malade ne peut toujours pas décider d'aller toute seule voir son médecin, décider de ce qui advient de son corps. La deuxième règle, apparue avec l'écriture, interdit l'accès à l'enseignement parce qu'il ouvre à l'esprit critique. La troisième règle est l'impossibilité pour les femmes d'accéder à des situations de pouvoir. Le lien entre tout cela est la mise en place progressive du langage de la domination qui passe par le déni, le mépris, le dénigrement, l'abaissement : ce qu'on appelle généralement des stéréotypes, des préjugés ou des clichés, mais qui outrepasse de beaucoup la catégorie des « stéréotypes d'un autre temps » qu'il conviendrait de « balayer d'un revers de plume » ; cela ne se balaie pas comme ça, c'est le langage même de la domination. Ces règles du jeu ont été adoptées au fil des siècles et des millénaires pour fonder tous les autres systèmes de domination. La matrice est là, dans le système de genre, et a fondé tout le reste. J'ajoute que dans le système conceptuel, on a défini le masculin et le féminin, dans chaque société, avec des catégories mentales binaires qui sont contrastives, comme le chaud et le froid, le sec et l'humide, le haut et le bas, le lourd et le léger, le rugueux et le lisse… Ces catégories sexuées sont, de plus, hiérarchisées, la catégorie positive étant, dans toutes les cultures, celle qui correspond au masculin. Ce qui permet d'accentuer l'idée de stéréotype d'une part et souligne l'importance de cette valence qui est un modèle cognitif extrêmement puissant. Nous en avons hérité par l'éducation, simplement, génération après génération et d'autant plus aisément, […] que les femmes pensent de la même manière. »

L'interdiction de consommation de vin sous peine de mort ou de stigmatisation morale fait partie de ces règles de vie imposées aux femmes par souci de contrôle de la reproduction, l'ingestion de vin favorisant la désinhibition sexuelle : « L'éthanol augmente les niveaux d'endorphine et la dopamine dans les zones du cerveau qui codent le plaisir. En se fixant sur les récepteurs du GABA, principal neurotransmetteur du système nerveux, l'alcool inhiberait aussi la noradrénaline (vigilance) et la sérotonine (humeur, émotivité). Se créent dès lors un effet de détente, une sensation d'euphorie et de plus grande confiance en soi, qui peuvent stimuler, libérer le désir sexuel[287]. » Survenue au cours de la période antique gréco-romaine, cette régulation de la consommation de vin serait une des manifestations de la *contrainte*.

287. Fabrizio BUCELLA, propos recueillis par Marianne PEYRI, « Boire du vin augmente-t-il le désir sexuel ? », *Curieux*, 20 mai 2022 ; *https://www.curieux.live/2022/05/20/boire-du-vin-augmente-t-il-le-desir-sexuel/*

Raison 2 : le contrôle des moyens de production. Hiérarchisation sexuée des rôles

Les hommes et les femmes travaillaient de concert,
mais une fois les raisins rentrés et pressés, les hommes reprenaient
leur rôle prédominant, la vinification restait toujours leur affaire[288].

Les idéologies du contrôle des moyens de production [289] constituent la seconde raison, les hommes monopolisant les outils et les techniques les plus valorisées[290]. Les premières sociétés agropastorales seraient à l'origine d'une détérioration des conditions des femmes, les hommes s'assignant prioritairement la sphère productive, ainsi que les fonctions lucratives à forte valeur ajoutée, et cantonnant les femmes à la sphère reproductive.

La viticulture entre dans cette sphère productive lucrative. Les écrits anciens qui nous sont parvenus témoignent de l'importance des transactions viticoles et de la portée économique de cette filière : retrouvés lors de fouilles archéologiques en Israël et datés du VIIIe siècle av. J.-C., les ostraca de Samarie[291] constituent l'une des collections les plus connues de documents anciens faisant état de transactions sur le vin et l'huile[292]. Les recherches archéologique de Patrick Mc Govern et de son équipe de l'université d'État de

288. Ségolène LEFÈVRE, *Les Femmes et l'Amour du vin, op. cit.*, p. 13.

289. Pascal PICQ, *Et l'évolution créa la femme. Coercition et Violence sexuelles chez l'homme,* Odile Jacob, Paris, 2020.

290. *Ibid.*

291. Capitale historique du royaume d'Israël, établi vers 930 et 720 av. J.-C.

292. Baruch ROSEN, « Wine and Oil Allocations in the Samaria Ostraca », 13 :1, *Cultural Studies, Archaeology, Palestine, Tel-Aviv,* p. 39-45, 1986 ; DOI : 10.1179/tav.1986.1986.1.39.

Pennsylvanie montrent que c'est également au cours de cette période que le commerce du vin se répand dans toute la Méditerranée et devient une source d'enrichissement : Cananéens, Phéniciens, Grecs, Étrusques, Romains étendent ainsi leur influence sur tout le bassin. L'expansion du commerce du vin dans le Nouveau Monde par les navigateurs portugais and espagnols peut en être considérée comme la suite logique. La hiérarchisation sexuée des rôles devient un moyen efficace d'exclure les femmes de cette manne et de les rendre économiquement dépendantes.

Quelle était la place des femmes au Paléolithique supérieur ?

Claudine Cohen, *Pour la science,* n° 537, 23 juin 2022 (extrait).

« Le moment de l'invention de l'araire au soc de métal, à une époque mal déterminée, pourrait marquer le passage d'un statut relativement favorable des femmes à une condition plus infériorisée. L'agriculture serait alors devenue davantage une affaire d'hommes capables de harnacher et de conduire des animaux domestiques (bœufs, ânes, chevaux…) utilisés pour produire de la force. Cette étape a pu s'accompagner de l'exaspération d'autres formes de domination exercée sur les humains – en particulier sur les femmes – et de l'avènement des guerres de conquête et de prédation. »

Moyens

La vigne tient une place à part dans l'agriculture[293].

Vigne et vin sont teintés de symbolisme depuis la nuit des temps. En raison de la place spéciale qu'ils occupent pour de nombreuses civilisations, ils attisent toutes les convoitises et les enjeux sont de taille. Ont-ils été à l'origine des moyens religieux, juridiques, culturels mis en place pour en éloigner les femmes ? Il serait tentant de l'affirmer… Il est en revanche certain que leur accaparement par les hommes a longtemps bénéficié de ces moyens.

Moyen 1 : religion. Paganismes antiques : basculement de Déméter à Dionysos ?

Il est étonnant qu'il y ait si peu de déesses viticoles dans les religions anciennes ; nature, agriculture étaient habituellement leurs prérogatives. Certains historiens estiment qu'il est vraisemblable que les premiers dieux du Vin aient été des déesses, les divinités les plus anciennes étant celles de l'Agriculture, de la Terre et de la Fertilité[294].

La toute première mention d'une telle déesse aurait été en Mésopotamie : Geshtin de Sumer, vénérée autour de 3000 ans av. J.-C.[295]. Avec l'entrée de Dionysos dans le panthéon grec et sa

293. Ségolène LEFÈVRE, *Les Femmes et l'Amour du vin, op. cit.*, p. 10.

294. Dr Liz THACH MW, « The Ancient Connection Between Women and Wine », *Wayward Tendrils Quarterly*, vol. 18, n° 2, avril 2008, octobre 2009, *https://lizthachmw.com/winestars/the-ancient-connection-between-women-and-wine/*

295. *Ibid.*

forte présence dans la littérature et dans l'art, les déesses de la Vigne et du Vin furent vite oubliées. Cette attribution de la vigne et du vin à Dionysos précipita-t-elle l'éloignement des femmes et d'une certaine manière leur exclusion ? Le culte du dieu ne fut d'ailleurs pas si facilement admis : la tragédie d'Euripide *Les Bacchantes* relate la mise à mort de Penthée par les adoratrices de Dionysos en raison de son refus de reconnaître le culte de ce dernier. Pour certains, elle met aussi en exergue les préjugés des hommes antiques sur les femmes : incapables de se dominer, enclines à l'ivresse et à la fureur, véritable danger pour l'ordre et la société.

En faisant du vin le sang de Jésus-Christ et l'un des deux éléments de l'eucharistie, le christianisme renforce le tabou de la menstruation, autre butoir pour la pensée. Si, en Occident, les sources originelles de ce tabou sont les textes du Lévitique et la philosophie grecque, en particulier les travaux d'Aristote (384-322 av. J.-C.), repris par Pline l'Ancien (23-75), le christianisme, en sacralisant le vin devenu le sang, l'oppose au sang profane de la menstruation. Pour l'anthropologue Mary Douglas, le tabou sert à faire craindre le sang menstruel et par là-même les femmes. Cette crainte irrationnelle fut longtemps une justification aux interdictions les frappant[296], dont l'accès aux chais.

Moyen 2 : juridique. De considérations philosophiques à statut juridique

Les conclusions philosophiques antiques stigmatisent la nature faible des femmes, tant physique qu'intellectuelle : « la femme est un homme diminué qui possède les caractères de l'homme, mais en

296. Mary DOUGLAS, *Purity and Danger : An Analysis of Pollution and Taboo*, Routledge, London, 1966.

quantité plus faible. Donc elle lui est inférieure hiérarchiquement[297]. » Incontrôlable, inférieure hiérarchiquement, faible physiquement : ces préjugés vont justifier la mise en place de moyens juridiques tels que le statut de mineure, parfaitement défavorable pour les femmes, créateur d'entraves économiques et d'une perte d'autonomie. En France, il faut attendre la loi du 13 juillet 1965 sur la réforme des régimes matrimoniaux — fondamentale pour l'émancipation juridique des Françaises — pour que celles-ci puissent exercer une profession et ouvrir un compte bancaire sans le consentement de leur époux. Il faut attendre la loi du 23 mars 2006 relative à l'égalité salariale entre les femmes et les hommes pour supprimer les écarts de rémunération et les discriminations au travail. On comprend mieux les obstacles que rencontrent les femmes pour entrer dans la filière viticole.

Moyen 3 : culturel. Entre imaginaire et réalité…

La connotation misogyne des sources littéraires antiques ainsi que « la gynécophobie, fondée sur la conviction de la naturalité du caractère dangereux des femmes, répond à la nécessité de justifier la domination masculine : les mythes matriarcaux, en Grèce comme dans beaucoup d'autres cultures, expliquent que les femmes au pouvoir sont violentes et sanguinaires et que, pour cette raison, le chaos gynécocratique a été remplacé par l'ordre androcratique[298] ». Longtemps véhiculée dans les pays européens, cette perception a donné naissance aux stéréotypes de genre. Psychotrope, le vin fut

---

297. Marcella FARIOLI, « Rôles sociaux et dynamiques sociales de sexe en Grèce ancienne », *Journal des anthropologues* [en ligne], p. 150-151, 2017, mis en ligne le 15 novembre 2019, consulté le 26 janvier 2024 ; *http://journals.openedition.org/jda/6773* ; DOI : *https://doi.org/10.4000/jda.677*

298. *Ibid.*

longtemps conçu comme un amplificateur de cette mythique violence sanguinaire. À la lumière de cette gynécophobie, en écarter les femmes, à la fois de l'élaboration et de la consommation, fut une priorité ! Cela commença par des interdictions dans l'espace privé et se poursuivit par une invisibilisation de leur travail. Plus concrètement, passer sous silence le travail viticole féminin fut une forme de censure : invisibiliser, c'est ignorer, c'est faire disparaître. L'historiographie viticole fit rarement cas du genre féminin…

CHAPITRE VI

Aujourd'hui : la fin des stéréotypes ? Intégration, féminisation, altérité ?

Les femmes ont su profiter des différentes révolutions technologiques et numériques. Elles sont, aujourd'hui, présentes à tous les échelons du monde du vin : de l'ouvrière à la châtelaine, en passant par les œnologues femmes, les responsables de communication ou de marketing, les community managers, les blogueuses[299].

L'émancipation des femmes, leur admission dans des formations qualifiantes contribuent dès la fin du XXe siècle à une évolution positive quant à leur accès aux métiers de la vigne et du vin. Dans la plupart des pays viticoles, la féminisation de la filière évolue au gré de cette émancipation. Si les représentations sociales se modifient et que les préjugés tendent à disparaître, il serait naïf de prétendre qu'égalité, mixité, parité sont atteintes. Des obstacles tels que le plafond de verre se dressent toujours et certains comportements continuent à alimenter le syndrome d'imposteur des femmes. Enfin, elles constituent encore la plus grande partie de la main d'œuvre saisonnière à la rémunération fluctuante.

299. Carmela Maltone, Maylis Santa-Cruz, *Le Vin. Quand les femmes s'en mêlent, op. cit.*, p. 35.

La féminisation de la filière viticole en France

Source : Caisse centrale de la Mutualité sociale agricole[300]

En mars 2021, à l'occasion de la Journée internationale des droits des femmes, la Mutualité sociale agricole a publié les chiffres 2019 de la filière viticole : 12 700 femmes à la tête d'exploitations et 121 800 salariées. Toutefois, si « près d'un chef sur quatre est une cheffe, cette proportion est globalement stable depuis plus de dix ans. [...] Une femme sur dix est devenue cheffe lorsque son conjoint est parti à la retraite. » (MSA, citée par Alexandre Abellan dans *Vitisphère*, 2021.) En ce qui concerne les salariées, la viticulture est le premier secteur employeur avec 33,5 % de la masse salariale. Il s'agit surtout de travaux saisonniers et de contrats à durée déterminée. Pour les autres métiers de la filière, le pourcentage de femmes dans le commerce de gros, vins et spiritueux, ainsi que dans le travail de vinification s'établit autour de 40 % en 2019. En sommellerie et en œnologie, il est respectivement d'environ 20 % et 31 %[301]. À l'issue de leur entretien avec Emmanuelle Fourteau, directrice générale de l'Union des œnologues de France, Jérôme Baudoin et Idelette Frisch de *La Revue du vin de France* déclarent que, chez les œnologues, 47 % des effectifs sont féminins dans les promotions 2022-2023[302].

---

300. Alexandre ABELLAN, « 12 700 cheffes d'exploitation et 121 800 salariées dans le vignoble », *Infographies, Vitisphère*, 8 mars 2021 ; *https://www.vitisphere.com/actualite-93606-12-700-cheffes-dexploitation-et-121-800-salariees-dans-le-vignoble. html*

301. Florence MONFERRAN, « Femmes du vin : une reconnaissance de haute lutte », *Le Point*, 13 décembre 2022 ; *https://www.lepoint.fr/art-de-vivre/femmes-du-vin-une-reconnaissance-de-haute-lutte-13-12-2022-2501571_4.php#11*

302. Jérôme BAUDOIN, Idelette FRISCH, « L'irrésistible ascension des femmes dans le vin », *La Revue du vin de France*, 4 janvier 2023 ; *https://www.larvf.com/l-irresistible-ascension-des-femmes-dans-le-vin, 4808112.asp*

Même si la féminisation de la filière est bien réelle, les femmes font encore face à des freins culturels et souffrent toujours d'un manque de légitimité qui se traduit par leur entrée tardive dans les activités de production et une faible représentation dans les instances décisionnelles. Enfin, leur présence plus importante dans la sphère commerciale que dans la production repose finalement sur le stéréotype selon lequel réussir dans le commerce est en partie lié aux qualités de présentation physique du vendeur[303] — de la vendeuse dans le contexte. En ce qui concerne les salaires, les deux enquêtes menées — une en 2016, l'autre en 2020 — par l'Union des œnologues de France révèlent des écarts de 14 à 26 % en faveur des hommes en 2016 alors qu'en 2020, cet écart s'inverse en faveur des femmes : elles gagneraient environ 2,1 % de plus que les hommes. Toujours selon ces enquêtes, la recherche d'un emploi s'avère plus difficile pour les femmes : en 2020, si 93 % des détentrices du diplôme national d'œnologie ont trouvé un emploi, 30 % déclarèrent avoir eu des difficultés contre 16 % d'hommes[304].

Conséquence de l'ouverture des formations viticoles aux femmes, la parité y est acquise, voire dépassée. Au cours des trois dernières années, les programmes de la licence au doctorat ont vu un pourcentage d'étudiantes supérieur à celui des étudiants : de l'ordre de 56 à 58 %. Le taux de féminisation des doctorats est aussi bien plus élevé : environ 70 %. Pour Laurent Torregrosa, directeur de l'Institut des hautes études de la vigne et du vin, les trois quarts des thèses en cours sur la vigne et le vin sont menées par des femmes, ce qui finira par avoir un impact fort sur la filière. Dans la prochaine décennie, elles occuperont les trois quarts des postes de chercheurs et ensei-

303. Carmela MALTONE, Maylis SANTA-CRUZ, *Le Vin. Quand les femmes s'en mêlent*, *op. cit.*, p. 26.

304. Jérôme BAUDOIN, Idelette FRISCH, « L'irrésistible ascension des femmes dans le vin », *art. cit.*

gnants-chercheurs[305]. Bardées de diplômes, elles se tournent vers les métiers de la production et investissent les chais. L'analyse sensorielle des vins, la pratique de la dégustation professionnelle et la sommellerie sont également des domaines dans lesquels elles s'implantent avec succès.

Paye ton pinard. Comment dénoncer le caractère systémique des violences sexistes et sexuelles dans l'univers du vin ?

Paye ton pinard, lancé en août 2022 par Isabelle Perraud, dénonce les violences sexistes, encore nombreuses, dans la filière viticole ainsi que l'occultation des « femmes de vignerons ». Selon le dernier rapport annuel sur le sexisme publié par le Haut Conseil à l'égalité le 22 janvier 2024, neuf femmes sur dix déclarent avoir été confrontée à l'une de ses formes[306]. « Famille, école et numérique sont les trois incubateurs qui inoculent le sexisme aux enfants dès le plus jeune âge. Il faut donc le combattre là où il naît. [...] Le sexisme reste prégnant, s'aggravant même d'une année sur l'autre dans certaines catégories de population. Chez les jeunes adultes masculins, mais aussi parfois chez les femmes, on observe un retour aux valeurs traditionnelles[307]. Le monde du travail reste perçu comme la sphère la plus inégalitaire : plus des trois quarts des Français.es considèrent

305. Propos cités par Jérôme BAUDOIN et Idelette FRISCH, « L'irrésistible ascension des femmes dans le vin », *art. cit.*

306. Enquête réalisée par le HCE en novembre 2023 auprès d'un échantillon représentatif de 3 500 personnes de quinze ans et plus.

307. *https://www.haut-conseil-egalite.gouv.fr/stereotypes-et-roles-sociaux/actualites/article/6eme-etat-des-lieux-du-sexisme-en-france-s-attaquer-aux-racines-du-sexisme*

que les femmes et les hommes n'y sont pas égaux en pratique. Les autres sphères ne sont pas en reste puisque 69 % des Francais.es estiment que les femmes et les hommes ne sont pas traités de la même manière dans la rue et les transports et 68 % qu'ils ne le sont pas dans les mondes du sport et de la politique. Seul.es 36 % considèrent que l'égalité est atteinte dans la vie de famille, la vie du foyer[308]. »

La féminisation de la filière viticole dans le monde

Cette lente mais sûre féminisation de la filière viticole n'est pas le seul fait de la France : le phénomène est global. Partout, cependant, le pourcentage de dirigeantes demeure inférieur à celui de dirigeants. En 2020, une toute première étude sur l'égalité des sexes dans la filière viticole à l'échelle mondiale a été menée par l'organisation internationale Wonder Women of Wine, créée en 2018 pour combattre les inégalités professionnelles, et The Wine Nerd (centre de recherches et statistiques). Réalisée pour la conférence[309] Wonder Women of Wine de 2020, cette étude a révélé que « près de deux femmes sur trois pensent que le recrutement dans l'industrie du vin est biaisé[310] » et qu'il faudra attendre plus d'une décennie pour parvenir à une égalité dans ce secteur. Il ressort également de cette

308. *https://www.haut-conseil-egalite.gouv.fr/IMG/pdf/barometre_sexisme_2024_-_viavoice_pour_le_hce.pdf*

309. Conférence internationale (neuf pays viticoles étaient représentés), prévue les 28 et 29 mars 2020 à Austin (Texas), annulée en raison de la pandémie de covid-19.

310. *https://wineindustryadvisor.com/2020/10/05/new-study-women-equality-wine-industry*

étude que les trois principaux obstacles à l'égalité sont la persistance de critères subjectifs et dévalorisants quant aux compétences des femmes, des chances de promotion réduites du fait de ces critères dévalorisants, et enfin un déficit de mentorat. Sur le sujet de la rémunération, « 35 % des femmes – contre 27 % des hommes – estiment qu'elles ne sont pas rémunérées équitablement pour leur travail ».

Les questions sur les compétences et la confiance en soi montrent également une forte disparité : les hommes sont 64 % à penser qu'ils maîtrisent les techniques de vente et n'auront aucune problème à augmenter leurs résultats ; 60 % considèrent qu'ils sont des négociateurs de talent ; ces pourcentages chutent respectivement à 31 et 28 % pour les femmes.

Doit-on y voir la manifestation du syndrome de l'imposteur ? Pour les psychothérapeutes Élisabeth Cadoche et Anne de Montarlot[311], les femmes seraient davantage atteintes par ce syndrome en raison des pressions qu'elles subissent ou s'autoimposent pour être plus performantes — ce qui, en définitive, ne ferait qu'augmenter leur manque de confiance en soi. Le fait qu'elles soient sous-représentées dans les postes à responsabilité en raison du plafond de verre augmenterait la perception qu'elles ont de leur manque de légitimité. Ces pourcentages illustrent la nuisance des clichés sexistes millénaires que certaines ont pu intérioriser.

Interrogés sur le harcèlement au travail dans le monde viticole, près de deux femmes sur trois et près d'un tiers des hommes déclarent l'avoir été par un collègue. Les femmes sont deux fois plus nombreuses à affirmer que cette situation a eu un impact négatif sur leur carrière. 60 % de toutes les réponses indiquent que les victimes de harcèlement ont disposé d'une assistance au sein de leur organi-

311. Élisabeth Cadoche, Anne de Montarlot, *Le Syndrome d'imposture. Pourquoi les femmes manquent tant de confiance en elles ?* Les Arènes, Paris, 2020.

sation et de moyens de signalement[312], signe que la parole se libère et qu'il y a une réelle prise de conscience, à la fois de la part des hommes et de celle des femmes.

Changements apportés par les femmes à l'univers de la viticulture et du vin. Une empreinte féminine ?

Elles s'orientent vers un management horizontal basé sur le partage et la persuasion plutôt que sur la contrainte[313].

Longtemps éloignées de la transmission des savoirs viticoles, les femmes sont parvenues, dans un premier temps, à apprendre en écoutant et en observant. Cette approche empirique n'était ni monnayable ni échangeable. Elle fut toutefois un stimulant pour leur curiosité. Si la présence des femmes dans la filière viticole fut longtemps occultée, elle ne l'est plus. Au contraire ! Les femmes y apportent une plus-value incontestable par leur approche différente et leur volonté de sortir de toute considération liée au genre. Il s'agit là d'une véritable rupture avec les codes du passé. Le vin ne saurait être considéré comme féminin ou masculin, et les activités viticoles nécessitent l'acquisition de techniques et d'un savoir qui n'ont pas de sexe — pardon pour le truisme !

Les études et les témoignages[314] présentés à l'occasion de la journée *Femmes et Vins : dialogues entre cultures,* tenue en 2015 à l'uni-

312. Pourcentages établis à partir des 554 réponses — la majorité provenant de femmes — à l'enquête envoyée en janvier 2020 par l'organisation Wonder Women of Wine à différents acteurs de l'industrie du vin ; *https://wineindustryadvisor.com/2020/10/05/new-study-women-equality-wine-industry*

313. Carmela MALTONE, Maylis SANTA-CRUZ, *op. cit.*, p. 59.

314. Réflexions et témoignages réunis dans *Le Vin. Quand les femmes s'en mêlent* (*op. cit*).

versité Bordeaux-Montaigne, ont permis de dégager un certain nombre de demandes de la part des professionnelles de la viticulture dont reconnaissance et égalité : « Ces viticultrices du monde souhaitent être reconnues comme des individualités et sur pied d'égalité avec les hommes [315]. » Les valeurs qu'elles mettent en avant sont le respect du vivant et des terroirs et la recherche d'une authenticité. Elles s'accordent sur l'importance de la dimension culturelle du vin, la convivialité et le partage.

Interrogées sur la manière dont elles exercent leurs métiers, les professionnelles de plusieurs pays viticoles revendiquent les spécificités suivantes : sens du détail, perfectionnisme ou encore une plus grande réceptivité aux préoccupations liées à l'environnement. Elles pratiquent une gestion collaborative « basée sur le partage et la persuasion plutôt que sur la contrainte. Les femmes managers s'estiment coopératives, empathiques, moteurs de créativité pour leur entourage. Elles disent assumer un leadership multitâche, contrairement au cloisonnement que pratiquent les hommes [316]. » La majorité de ces professionnelles insistent enfin sur leur diversité d'approche et leur altérité qui apportent à l'univers viticole « la finesse, la persévérance, un supplément de précision, de subtilité et d'équilibre [317] ». Cette diversité d'approche découlerait de la particularité de leurs parcours, de leur désir de se démarquer. Elle ne saurait être liée à une construction genrée : « Que ce soit dans la vinification, dans la commercialisation ou dans le management, elles ne font pas de distinction entre les capacités des hommes et des femmes, tout en reconnaissant qu'elles doivent travailler davantage pour asseoir leur légitimité et faire preuve de professionnalisme.

315. *Ibid.*, p. 234.

316. *Ibid.*, p. 59.

317. *Ibid.*, p. 237.

Leur force de volonté leur a permis des résultats professionnels fort satisfaisants et même le succès puisque certaines d'entre elles sont à la tête de châteaux renommés dans le monde ou de sociétés innovantes[318]. »

L'olfaction : un talent féminin ?

Essentiel dans l'univers du vin, le sens de l'odorat serait plus développé chez les femmes.

Voici ce que nous dit Cédric Manesse, docteur en neurosciences : « De nombreux facteurs interindividuels influencent la perception olfactive ; mais s'il ne fallait en retenir que les principaux, ce serait le genre et l'âge [...]. La question des différences de genre dans les performances olfactives n'est pas encore résolue. Selon les études, les femmes ont des performances de détection parfois meilleures, parfois identiques à celles des hommes pour certains odorants [...]. En termes de discrimination et d'identification, il semble y avoir un meilleur consensus concernant la supériorité des femmes [...]. Les femmes semblent également avoir une meilleure mémoire olfactive [...]. À l'heure actuelle, les hypothèses avancées pour expliquer la disparité des résultats sur la sensibilité olfactive seraient en partie dues au cycle hormonal des femmes. [...] Quant aux différences observées au niveau des dimensions plus cognitives telles que l'identification des odeurs, on peut soupçonner le rôle d'un certain nombre de facteurs biologiques [...], sociologiques et comportementaux tels que l'éducation et la socialisation genrée, la pression sociale, etc. [...]. Du fait de ces facteurs, les femmes seraient donc plus exposées à certains odorants durant leur existence (y compris pendant le développement), et y seraient donc plus sensibles et

318. *Ibid.*, p. 237.

familières, ce qui se traduirait par une amélioration de certaines capacités olfactives comme l'identification. Cela pourrait être également la cause de certaines différences anatomiques que l'on observe chez les femmes adultes, comme un plus grand volume du bulbe olfactif, comparé à celui des hommes du même âge[319]. »

319. Cédric MANESSE, « Le déficit olfactif : le comprendre, le diagnostiquer, et compenser ses effets sur la qualité de vie ». *Neurosciences,* Université de Lyon, 2018, NNT : 2018LYSE1291 tel-02069069 ; *https://theses. hal. science/tel-02069069/document*

FEMMES DU VIN : TÉMOIGNAGES

Nous sommes tous d'accord pour dire que les femmes prennent peu à peu une place de plus en plus importante dans le monde du vin. Elles ont toujours été présentes dans les arrière-boutiques, dans les emplois les moins bien rémunérés tel le travail dans les vignes, mais il n'est plus rare de rencontrer des acheteuses de vin, des vendeuses, des sommelières, des techniciennes, des communicantes, des éducatrices, des vigneronnes et des viticultrices[320].

Les témoignages qui suivent ont été réalisés auprès de professionnelles du vin originaires de différents pays viticoles. Elles ont accepté de répondre aux quatre questions suivantes :

A. Pensez-vous qu'être une femme dans la filière viticole est un handicap ?

B. À compétences égales, avez-vous été moins bien traitée que vos collaborateurs masculins ?

C. Avez-vous vécu des situations qui illustrent les préjugés des hommes sur les femmes travaillant dans l'univers du vin ?

D. Quelles améliorations suggéreriez-vous pour inclure davantage les femmes ?

---

320. Jancis ROBINSON, « Where have women got to in wine ? » 8 mars 2021 ; *https://www.jancisrobinson.com/articles/where-have-women-got-wine*

Témoignage 1
Maud Marchal (France)
Fondatrice du Comptoir de Messénie, importatrice de vins grecs

Pour Maud Marchal, l'entrée dans la filière viticole s'est faite par un volontariat en Grèce dans le cadre du Programme européen de jeunesse. Enchantée par les vins grecs, elle se lance, à son retour en Alsace, dans l'import de ces vins et fonde le Comptoir de Messénie, entreprise entièrement féminine, qu'elle dirige depuis dix-huit ans.

Question A

Être une femme est déjà un handicap en soi dans le monde du travail en raison de la différence des salaires, de l'équilibre vie personnelle/vie professionnelle nettement en défaveur des femmes, des postes de direction plutôt confiés à des hommes… Pour la filière vitivinicole, il faut ajouter un déficit de crédibilité encore plus marqué pour les femmes que dans d'autres secteurs. Elles doivent constamment « faire leurs preuves ». […] Il faudrait beaucoup de grands noms féminins dans la filière pour que l'expertise des femmes soit validée à la fois par le grand public et par les professionnels. L'accès à la profession étant plus facile pour les hommes, ils sont aussi plus nombreux à prétendre avoir des compétences, alors que les femmes ne s'expriment que si elles sont sûres d'elles.

Questions B et C

Il est souvent impossible d'avoir des preuves tangibles de ces préjugés. La majorité des courriers que je reçois de mes fournisseurs grecs sont au nom de « Monsieur le directeur », « Monsieur le gérant » ! C'est un indicateur de l'état d'esprit de mes interlocuteurs… Au début de ma carrière, lors de mes visites professionnelles en Grèce, on me demandait ce que je voulais ou même ce que je faisais là, alors qu'évidemment j'avais pris rendez-vous et déclaré mes intentions de visiter les vignes et les chais, goûter les vins, discuter… Les fournisseurs s'adressaient à moi comme si j'ignorais tout du négoce ou de l'import de vin en France… Le Comptoir de Messénie est tout de même un « destinataire certifié[321] *». La dernière anecdote en date est risible : face à mon équipe entièrement féminine, lors d'une livraison récente en provenance de Grèce, le chauffeur du camion a demandé où se trouvaient les hommes pour décharger ; il avait du mal à croire que toutes les employées de l'entreprise savaient conduire un chariot élévateur ! Ce type de réaction s'était déjà produit : plusieurs chauffeurs avaient même refusé de nous laisser faire par peur que nous abîmions quelque chose… Je sens que les choses sont en train de bouger et que la nouvelle génération de vignerons, plus internationale, plus ouverte, n'a plus un regard négatif, à quelques exceptions près, sur les compétences des femmes dans le secteur. Il suffit de voir le nombre croissant de femmes intéressées par le monde du vin pour comprendre que des verrous ont sauté.*

Question D

Les femmes peuvent être parfois plus compétitrices et dures entre elles que les hommes. Pour que nous puissions gagner en crédibilité, nous devrions former plus de collectifs féminins informels, solides, pour résister, chacune à notre niveau et croire en nous !

321. Statut douanier.

Témoignage 2
Eirini Daskalaki Xenogiannaki(Grèce)
Vigneronne, Domaine Silva Daskalaki

Vigneronne à la tête d'un domaine créé en 1920 dans le village de Siva, non loin d'Héraklion, Eirini Daskalaki Xenogiannaki confirme que les Crétoises ont toujours bénéficié d'une place exceptionnelle dans la culture, la religion, la vie quotidienne. Cette prééminence serait l'un des héritages de la civilisation minoenne décrite par certains historiens comme une matriarchie[322]. Pour Eirini, les Crétoises sont aujourd'hui de plus en plus nombreuses à rejoindre la filière viticole en tant que vigneronnes ou œnologues.

Question A

Il ne s'agit ni d'un atout ni d'un handicap. La difficulté d'être une femme est bien la même pour tous les métiers, car elles doivent s'occuper de tout, en particulier de la famille. Les hommes n'ont pas cette charge mentale et peuvent donc se vouer entièrement à leur métier.

Questions B et C

J'ai surtout subi un traitement différent de celui des hommes au tout début de ma carrière dans la viticulture. Tous considéraient qu'une femme ne pouvait ni effectuer un travail difficile ni produire des vins de qualité. Les mentalités sont en train de changer, car, tous les ans, un nombre plus important de Crétoises se lancent avec succès dans l'art de la vinification. Les femmes peuvent tout faire, mais elles doivent toujours penser différemment.

322. Joan Marie CICHON, *Matriarchy in Bronze Age Crete. A Perspective from Archaeomythology and Modern Matriarchal Studies, op. cit.*

Question D

Il faudrait que toutes les vigneronnes décident, partout et d'un commun accord, de se tourner vers une viticulture plus naturelle, moins interventionniste, afin de protéger la nature, de respecter les écosystèmes et de marquer ainsi leurs différences.

Témoignage 3
Sue Eames (Royaume-Uni)

Dégustatrice internationale, pédagogue, communicante
Circle of Wine Writers

Membre de la confrérie des Chevaliers du Tastevin, de la confrérie Saint-Étienne d'Alsace, de l'Association of Wine Educators et dame de la Jurade de Saint-Émilion, Sue est une dégustatrice professionnelle hors pair. Titulaire du diplôme WSET[323], elle a débuté dans cette profession en 2010 avec le Concours des vignerons indépendants et le Concours général agricole. Depuis, elle sillonne les routes d'Europe et est invitée à juger lors de plus de trente-cinq concours par an.

Question A

Sue répond qu'elle a essayé de faire de son statut de femme un atout en montrant à quel point les femmes peuvent être professionnelles et qualifiées. *Les femmes sont en général plus fiables et se tiennent mieux au courant de l'évolution des tendances.*

Questions B et C

Dans les concours internationaux, il y a toujours un dégustateur qui critique le fait qu'une femme préside une table de dégustation. J'ai même eu le cas d'un viticulteur âgé qui, lors d'une session du Concours général

323. Wine and Spirit Education Trust, fondé en 1969 à Londres.

agricole en Alsace, m'assena que les femmes étrangères ne devraient pas être autorisées à juger les vins français. Naturellement, il fut remis à sa place… Autre exemple : il y a quelques semaines, à Francfort, alors que je dînais avec trois confrères et que nous avions commandé une excellente bouteille de vin, le sommelier n'apporta que… trois verres au lieu de quatre, pour les seuls hommes de la table ! Les dinosaures sont bien parmi nous…

Question D

L'univers de la dégustation professionnelle change lentement, et même s'il y a toujours une légère préférence pour les dégustateurs, il est devenu moins discriminant. Ce changement de perception est favorisé par des professionnelles telles que Jancis Robinson ou Queena Wong[324]*. Cette dernière accomplit un travail extraordinaire pour promouvoir les femmes dans la filière viticole. […]. Les bourses d'études pour les étudiantes du secteur viticole, telles que celles de Wine Unify ou de la Fondation Gérard Basset, sont un autre vecteur d'inclusion et d'opportunités. Les considérations liées au genre ne devraient pas influencer les décisions de recrutement : seule la prise en considération des compétences devrait déterminer qui sera recruté.*

324. Fondatrice de Curious Vines, nommée au Top 100 Most Influential People in Drinks, membre de la confrérie des Chevaliers du Tastevin, dame chevalier de l'Ordre des Coteaux de Champagne.

Témoignage 4

Chiara Sieni (Italie et Royaume-Uni)

Sommelière à Œno House

Titulaire des diplômes WSET, FWS[325] et IWS[326], spécialiste des vins de Valpolicella, Chiara, installée à Londres depuis douze ans, a démarré sa carrière dans la restauration gastronomique.

Question A

Être une professionnelle des vins devrait être un atout pour tout employeur, car les femmes travaillent généralement plus intensément que les hommes et ont un odorat plus performant. Je constate tout de même qu'une professionnelle du vin peut effrayer ses confrères et finir par être ostracisée. Dans mon parcours professionnel de sommelière et en dépit de mes qualifications, j'ai rencontré ce type de problème. La discrimination peut être insidieuse et se manifester par des actions telles que mal orthographier un nom sciemment ou laisser un espace de travail en désordre. Et il existe encore des clients qui cherchent « l'homme » pour les conseiller sur le vin…

Questions B et C

Certains employeurs n'admettent pas les compétences des femmes et les empêchent d'accéder à des postes de responsabilité de peur qu'elles ne leur prennent leur travail. Ce sentiment de concurrence entre hommes et femmes ne devrait pas exister ; il devrait plutôt être question de complémentarité… tout comme la relation acidité-taux de sucre dans les vins

---

325. French Wine Scholar : spécialisation certifiante sur les vins français de niveau « confirmé », proposée par la Wine Scholar Guild.

326. Italian Wine Scholar : spécialisation certifiante sur les vins italiens de niveau « confirmé », proposée par la Wine Scholar Guild.

doux ! Les femmes devraient d'ailleurs avoir plus confiance en elles et ne pas céder au misérabilisme et à la victimisation.

Question D

Donner une plus grande place aux minorités, permettre aux femmes d'occuper des postes décisionnaires, promouvoir la formation par l'attribution de bourses d'études et le mentorat constituent des pistes pour améliorer la position des femmes dans la filière viticole. L'adhésion à des collectifs de professionnelles du vin est aussi un bon moyen pour échanger, parler des difficultés rencontrées et tenter d'y apporter des solutions.

Témoignage 5
Cristina Staicu (Roumanie)

Ingénieure chimiste,
cofondatrice du domaine viticole Franco-Roumain (Dealu Mare),
vigneronne et pionnière de la viticulture biologique en Roumanie

Diplômée de la Faculté de technologie chimique organique de Bucarest, Cristina est entrée dans la filière viticole en raison des changements politiques, économiques et sociaux survenus en Roumanie dès 1989. En 1996, elle travaille avec deux sociétés françaises, une bourguignonne et une languedocienne, pour créer le domaine viticole Franco-Roumain dans l'une des régions viticoles les plus connues de Roumanie, Dealu Mare. Elle suit alors une formation à Nuits-Saint-Georges et à Béziers, auprès des sièges des deux sociétés françaises. Passionnée par cette aventure, Cristina introduit la viticulture biologique — philosophie et mode de vie pour elle — en Roumanie.

Question A

Au début de ma carrière, en 1996, être une femme était un handicap. Dans une société roumaine patriarcale, les hommes dirigeaient, et il y avait un vrai problème d'alcoolisme. Je me souviens d'un collaborateur avec lequel il était impossible d'avoir une conversation après 10 heures du matin tant son addiction à l'alcool était forte. De manière générale, les hommes du secteur viticole montraient du mépris et de la condescendance envers leurs consœurs. Les difficultés rencontrées m'ont cependant incitée à m'affirmer davantage.

Questions B et C

Cristina raconte avoir été évincée d'un appel d'offres parce qu'elle était une femme : toutes les affaires étaient alors négociées par les anciens hommes forts du régime communiste : *Je ne parviens pas à oublier l'arrivée de ces hommes juste avant Noël dans une Mercedes noire aux vitres foncées ; ils venaient prendre possession du domaine viticole...* Elle a d'ailleurs toujours essayé d'éviter d'entrer en compétition avec les hommes : *jusqu'en 2010, les femmes avaient très peu d'opportunités de carrière dans la filière viticole. 2020 fut le tournant : un plus grand nombre de femmes rejoignit le secteur viticole et les différences de traitement s'estompèrent. La tendance y est aujourd'hui en faveur des femmes en raison des résultats remarquables qu'elles obtiennent. La méritocratie devrait être le principe de toute société afin que chacune, chacun, quels que soient l'origine, le sexe ou la religion, puissent trouver leur place.*

Question D

Je crois qu'il ne faut jamais accepter les idéologies, y compris dans le milieu professionnel. Si l'on veut davantage inclure les femmes dans le secteur viticole, il est nécessaire qu'il y ait une meilleure prise en considération de leurs compétences, de leur implication dans le travail, de leur honnêteté et de leur opiniâtreté.

Témoignage 6
Alice Feiring (États-Unis)
Journaliste, auteure, chroniqueuse, défenseuse du vin naturel

Alice ne se considère pas comme une professionnelle du vin : *Je suis avant tout écrivaine,* dit elle. *J'ai été vendeuse de vin pendant quelque temps – j'étais très mauvaise ! – puis j'ai rédigé des cartes des vins. J'ai aussi publié une lettre d'information régulière pendant une dizaine d'années et j'ai écrit six livres sur ce sujet. Si je suis parvenue à acquérir une reconnaissance internationale, c'est grâce à mes écrits sur la technologie du vin et le vin naturel tout au long des vingt-cinq dernières années.*

Question A

Être une femme dans la filière viticole a été et demeure un handicap ; je confirme avoir souffert de discriminations liées au genre tout au long de ma carrière. J'ai le sentiment, sans en avoir malheureusement la preuve, qu'en raison de l'influence de mes livres, j'aurais pu avoir une rubrique dans un journal ou obtenir un contrat avec un magazine si j'avais été un homme. J'aurais été une héroïne plutôt qu'une figure controversée. Bien sûr je ne peux rien prouver. Voici un autre exemple de discrimination que j'ai subie : dans ses parodies de personnalités du monde du vin, un certain écrivain satirique avait l'habitude de présenter les femmes sous un jour sexuel. Je l'ai été de la manière la plus ignoble. Si les hommes font l'objet d'une attention particulière pour leurs paroles et leurs actions, les Alice Feiring du monde entier sont traitées comme des objets sexuels. Les attaques de cet écrivain ont rencontré le soutien d'autres célébrités mâles du vin, voire de quelques femmes qui n'y voyaient aucun sexisme abject. Je maintiens que si j'avais été un homme ou si j'avais eu leur soutien, j'aurais été écoutée au lieu de devoir me battre pour l'être.

Question D

De nombreuses femmes travaillent dans le monde du vin à tous les niveaux. Elles devraient se soutenir mutuellement davantage. Lorsqu'un plus grand nombre d'entre elles aura réussi, et si elles investissent davantage dans la sororité – mais pouvons-nous encore parler ainsi sans être taxées de sexisme ou d'exclusion ? –, les femmes devraient alors pouvoir accéder naturellement aux postes qu'elles méritent. Ainsi que me l'avait dit un ancien mentor, ce ne sont pas les qualités que l'on possède mais bien les personnes que l'on connaît qui font la différence. Il est aussi important de fréquenter les bonnes écoles et d'avoir les bons réseaux, ce que je n'ai jamais eu !

CONCLUSION

In vino femina[327] ?

Inscrites dans les lois et les mœurs depuis la nuit des temps, la subordination et l'invisibilisation des femmes les ont écartées d'un grand nombre de fonctions dans tous les milieux professionnels. Si les obstacles juridiques, éducatifs, sociétaux qui les ont longtemps empêchées d'exercer dans le monde du vin sont aujourd'hui levés, si les tabous irrationnels sont tombés, il est tout de même essentiel de rappeler que ce résultat est l'aboutissement d'une vigilance constante, d'une collaboration de toutes et de tous et d'un engagement déterminé pour plus d'équité et d'inclusion : l'émancipation se fait de jour en jour[328].

La mise à l'écart des femmes n'est donc plus une réalité. Grâce à leur investissement dans les études et la formation, à leur travail remarquable et original, les professionnelles du vin parviennent à s'imposer : elles n'en demeurent pas moins sous-représentées et peu visibles dans les instances officielles de la filière. Elles sont égale-

327. Extrait du titre de la bande dessinée d'Alessandra FOTTORINO et Céline PERNOT-BURLET *In vino femina. Les Tribulations d'une femme dans le monde du vin,* Hachette Pratique, collection « Vins et boissons », 2022.

328. Propos d'Alessandra FOTTORINO et Céline PERNOT-BURLET, recueillis par Alexandre ABELLAN, « Manuel de défense et de prise de conscience contre le sexisme dans la filière vin », *Vitisphère,* 27 octobre 2022 ; *https://www.vitisphere.com/actualite-97869-manuel-de-defense-et-de-prise-de-conscience-contre-le-sexisme-dans-la-filiere-vin.html*

ment confrontées au plafond de verre, l'une des manifestations flagrantes des inégalités homme-femme et de cette hiérarchisation millénaire des genres. Il reste donc des étapes à franchir pour parvenir à un monde du vin véritablement égalitaire. Ces étapes passent par l'éradication des stéréotypes du genre qui continuent d'être véhiculés de manière plus ou moins consciente et l'éducation de toutes et de tous. Comme l'a écrit l'association Paye ton pinard dans une publication sur Instagram du 3 janvier 2023 : il ne s'agit pas de chasse à l'homme mais de chasse contre un système.

La parole se libère et les prises de conscience le sont à la fois par les femmes et les hommes. Même s'ils existent toujours, les comportements sexistes sont de moins en moins tolérés. Le message porté par la nouvelle campagne de sensibilisation du Haut Conseil à l'égalité est clair : faisons du sexisme de l'histoire ancienne ! L'univers du vin est directement concerné : une approche non genrée de la profession, fondée sur coopération et altérité, pourrait-elle être la solution ? Après tout, le vin n'a pas de sexe…

BIBLIOGRAPHIE

CHAPITRE PREMIER

Patrick Edward McGovern, *Ancient Wine: The Search for the Origins of Viticulture,* Princeton University Press, 2003.

Jean-Louis Escudier, *Les Femmes et la Vigne. Une histoire économique et sociale (1850-2010),* Presses universitaires du Midi, Toulouse, 2016.

Michael Karam, T*ears of Bacchus. A History of Wine in the Arab World,* Gilgamesh Publishing, The Johnny R. Saadé Foundation, Londres, 2019.

Élie Faure, *Histoire de l'art,* vol. I, Paris, 1909 et Jean-Jacques Pauvert, Paris, 1964.

Sophie Archambault de Beaune, *Chasseurs-Cueilleurs. Comment vivaient nos ancêtres du Paléolithique supérieur,* CNRS Éditions, collection« Libris » (réédition), Paris, 2013.

Claudine Cohen, *Femmes de la Préhistoire,* éditions Belin-Humensis, 2016, première édition. Éditions Taillandier, Paris, 2019 et 2021.

Gerda Lerner, *The Creation of Patriarchy, vol. 1, Women and History,* Oxford University Press, New York and Oxford, 1986.

Marija Gimbutas, *The Civilization of the Goddess,* Harper, San Francisco, 1991.

CHAPITRE II

Gerda LERNER, *The Creation of Feminist Consciousness : From the Middle Ages to Eighteen-Seventy*, Oxford University Press, Oxford, 1994.

Ian SHAW, *The Oxford History of Ancient Egypt*, Oxford, Oxford University Press, 2000.

John Nicholas POSTGATE, *Early Mesopotamia : Society and Economy at the Dawn of History*, Routledge, Londres, 1992.

L'Épopée de Gilgamesh, éditions Léo Scheer, Paris, 2006.

Roderick PHILLIPS, *A Short History of Wine*, Allen Lane, Londres, 2000.

Joan Marie CICHON, *Matriarchy in Bronze-Age Crete. A Perspective From Archaeomythology and Modern Matriarchal Studies*, Archaeopress Publishing Ltd., Oxford, 2022.

Nanno MARINATOS, *Minoan Religion : Ritual, Image and Symbol*, University of South Carolina Press, Columbia, 1993.

Geraldine C. GESELL, « Town, Palace and House Cult in Minoan Crete », *Studies in Mediterranean Archaeology* 67, Paul Aströms Förlag, Göteborg, 1985.

Simone DE BEAUVOIR, *Le Deuxième Sexe. Tome I : les Faits et les Mythes*, éditions Gallimard, Paris, 2006.

Sarah B. POMEROY, *Goddesses, Whores, Wives & Slaves. Women in Classical Antiquity*, The Bodley Head-Penguin Random House, Londres, 2015.

James P. ALLEN, *The Ancient Egyptian Pyramid Texts. Fragment 143 du texte des Pyramides d'Ounas*, Society of Biblical Literature, Atlanta, 2005.

Michael KARAM, T*ears of Bacchus. A History of Wine in the Arab World*, Gilgamesh Publishing, The Johnny R. Saadé Foundation, Londres, 2019.

LONGUS, *Daphnis et Chloé*, éditions Jules Taillandier, Paris, 1890.

Jean-Pierre VERNANT, « L'organisation de l'espace » *in Mythe et Pensée chez les Grecs. Études de psychologie historique*, éditions La Découverte Poche, Paris, 1996.

Pierre NOAILLES, FAS ET JUS. ÉTUDES DE DROIT ROMAIN, Société d'édition Les Belles Lettres, Paris, 1948.

Dr Marc LAGRANGE, *Le Vin et la Médecine. À l'usage des bons vivants et des médecins*, éditions Féret, Bordeaux, 2012.

CHAPITRE III

Marc PAITIER, *Les Vignerons du Ciel. Les Moines et le Vin*, Mareuil Éditions, Paris, 2021.

Roger DION, *Histoire de la vigne et du vin en France des origines au XIXe siècle*, éditions du CNRS, Paris, 2010.

Ségolène LEFÈVRE, *Les Femmes et l'Amour du vin*, Féret, Bordeaux, 2009/2017.

Massimo MONTANARI, *L'Alimentazione Contadina Nell'Alto Medioevo*, Liguori, Naples, 1979.

Matteo BANDELLO, *Nouvelles de Bandello, traduites en français pour la première fois*, Ulan Press, 2012.

Matteo BANDELLO, « Novelle, VI, Quarta Parte », *Tutte le Opere di Matteo Bandello*, Arnoldo Mondadori editore, Milan, 1943.

François BONAL, *La Femme et le Champagne*, Dominique Guéniot Éditeur, Langres, 2001.

Marcel LACHIVER, *Vins, Vignes et Vignerons. Histoire du vignoble français*, Fayard, Paris, 1988.

Jean-Louis ESCUDIER, *Les Femmes et la Vigne. Une histoire économique et sociale (1850-2010)*, Presses universitaires du Midi, Toulouse, 2016.

Caroline SŒHNÉE-PONSOT, *Les Vignes américaines. Catalogue et Manuel,* Féret et Fils, Bordeaux, 1890.

Dr Marc LAGRANGE, *Le Vin et la Médecine — À l'usage des bons vivants et des médecins,* Féret, Bordeaux, 2004.

CHAPITRE IV

Jean-Louis ESCUDIER, « Le travail viticole féminin de 1900 à 1914 : une entité économique et sociale complexe », *in La Révolte du Midi viticole cent ans après, 1907-2007,* Presses universitaires de Perpignan, 2008.

Michelle ZANCARINI-FOURNEL, Histoire des femmes en France : XIXe-XXe siècles, Presses universitaires de Rennes, 2010.

Jean-Jacques GLASSNER, « Les dieux et les hommes. Le vin et la bière en Mésopotamie ancienne ». *in* Dominique FOURNIER et Salvatore D'ONOFRIO, *Le Ferment divin*, éditions de la Maison des Sciences de l'homme, Paris, 1991.

Carmela MALTONE, Maylis SANTA-CRUZ, « Le Vin. Quand les femmes s'en mêlent », *in Grappes & Millésimes,* Presses universitaires de Bordeaux, Pessac, 2019.

CHAPITRE V

Ann B. MATASAR, *Women of Wine. The Rise of Women in the Global Wine Industry,* University of California Press, Oakland, 2010.

Françoise HÉRITIER, *L'Exercice de la parenté,* Gallimard-Le Seuil, Paris, 1981.

Mary DOUGLAS, *Purity and Danger : An Analysis of Pollution and Taboo,* Routledge, London, 1966.

Claudine COHEN, *La Femme des origines. Images de la femme dans la préhistoire occidentale,* Belin-Herscher, Paris, 2003.

CHAPITRE VI

Élisabeth CADOCHE, Anne DE MONTARLOT, *Le Syndrome d'imposture. Pourquoi les femmes manquent tant de confiance en elles ?* Les Arènes, Paris, 2020.

Joan Marie CICHON, *Matriarchy in Bronze Age Crete. A Perspective from Archaeomythology and Modern Matriarchal Studies*, Archaeopress Publishing Ltd., Oxford, 2022.

CONCLUSION

Alessandra FOTTORINO, Céline PERNOT-BURLET, *In Vino Femina. Les Tribulations d'une femme dans le monde du vin,* collection « Vins et boissons », Hachette Pratique, 2022.

REMERCIEMENTS

Un grand merci pour leur contribution à :

Federica Zanghirella, vice-présidente de l'organisation londonienne UK Sommelier, pédagogue et mentore.

Andreea Gruev-Vintila, maîtresse de conférences HDR en psychologie sociale à l'Université Paris Nanterre, autrice de l'ouvrage *Le Contrôle coercitif au cœur de la violence intrafamiliale. Des avancées scientifiques aux avancées juridiques* (Dunod, Paris, 2023).

Et à toutes les professionnelles qui ont généreusement accepté de témoigner de leurs expériences dans l'univers du vin :

Maud Marchal, fondatrice du Comptoir de Messénie, entreprise importatrice de vins et de produits grecs (France).

Eirini Daskalaki Xennogianaki, vigneronne-propriétaire de Silva Daskalaki Winery (Grèce).

Sue Eames, dégustatrice internationale, formatrice auprès de l'Association of Wine Educators, responsable média sociaux auprès du Circle of Wine Writers (Royaume-Uni).

Chiara Sieni, sommelière, caviste indépendante, Royaume-Uni.

Cristina Staicu, ingénieure-chimiste, vigneronne, cofondatrice du domaine viticole Franco-Roumain (Roumanie).

Alice Feiring, journaliste, autrice, chroniqueuse (*thefeiringline.com*), défenseuse des vins naturels (États-Unis).

Éditions Apogée, Rennes
contact@editions-apogee.com
www.editions-apogee.com

Publié avec le concours
de la région Bretagne
et de Rennes Métropole

Région
BRETAGNE

METROPOLE
vivre en intelligence
Rennes

Achevé d'imprimer en mai 2024
sur les presses de Sepec numérique
Numéro d'impression : N20805240402
Dépôt légal : mai 2024
Imprimé en France

IMPRIM'VERT®

PEFC 10-31-3532